Alfons Axmann, Manfred Scherer

Betrifft Methodentraining

33 Trainingseinheiten

2. Auflage

Bestellnummer 41054

Bildungsverlag EINS

www.bildungsverlag1.de

Bildungsverlag EINS
Sieglarer Straße 2, 53842 Troisdorf

ISBN 978-3-427-**41054**-6

INHALTSVERZEICHNIS

Vorwort ... 4
1 Über die persönliche Lernsituation nachdenken ... 5
2 Den Lerntyp bestimmen ... 8
3 Den Arbeitsplatz sinnvoll gestalten ... 9
4 Einen Zeitplan erstellen ... 11
5 Ein Wochenprotokoll anfertigen und auswerten ... 13
6 Ideen sammeln: Brainstorming und Brainwriting ... 15
7 Mind Map erstellen ... 17
8 Clustern, ordnen und strukturieren ... 19
9 Gesprächsnotizen anfertigen ... 24
10 Protokollieren ... 26
11 Texte markieren und zusammenfassen ... 30
12 Mit der Lernkartei arbeiten ... 32
13 Lesen und Texte verstehen ... 34
14 Stichwortzettel anfertigen ... 36
15 Informationen aus dem Internet beschaffen: Internetrallye ... 38
16 Informationen aus dem Internet beschaffen: Suchmaschinen ... 40
17 Informationen lesen, verstehen und nutzen: Suchmaschinen ... 42
18 Karikaturen analysieren ... 44
19 Schaubilder und Diagramme lesen ... 47
20 Diagramme anfertigen ... 49
21 Moderationskarten beschriften ... 52
22 Plakate gestalten ... 55
23 Präsentieren und Visualisieren ... 57
24 Im Doppelkreis lernen (Kugellager) ... 59
25 Gruppenpuzzle – Lernen in Expertenteams ... 61
26 Konflikte im Gespräch lösen ... 66
27 Fälle lösen ... 68
28 Eine Moderation durchführen ... 71
29 Leittextmethode trainieren ... 74
30 Planspielmethode trainieren ... 78
31 Eselsbrücken bauen ... 81
32 Auf Tests vorbereiten ... 84
33 Ein Stichwortverzeichnis erstellen ... 86
Bildquellenverzeichnis ... 88

VORWORT

Liebe Schülerin, lieber Schüler,

alle fünf Minuten wird eine neue medizinische Erkenntnis gewonnen, jede Minute eine neue chemische Formel entdeckt. Die „Halbwertzeit des Wissens", also die Zeit, in der die Hälfte des vorhandenen Wissens überholt und veraltet ist, beträgt fünf Jahre. In diesem Zeitraum hat sich das Wissen wieder verdoppelt.

Diese Tatsachen zeigen, dass lebenslanges Lernen notwendig ist, um den neuen Anforderungen in Beruf und Gesellschaft gerecht werden zu können. Neben Faktenwissen gewinnen Methoden-, Sozial- und Kommunikationskompetenzen immer mehr an Bedeutung. Vor allem ist es wichtig, Methoden und Schlüsselqualifikationen zu erlernen und zu beherrschen, die erst eine ständige Fort- und Weiterbildung ermöglichen.

Das Trainingsbuch „Betrifft Methodentraining" will Sie in 33 Trainingseinheiten mit den wichtigsten Methoden vertraut machen. Der Schwerpunkt liegt dabei auf dem Trainieren der Lern-, Arbeits-, Kommunikations- und Kooperationstechniken. An ausgesuchten fächerübergreifenden Inhalten werden die Methoden eingeübt. Aber erst durch laufendes Trainieren und Anwenden der Methoden in den verschiedenen Lernbereichen und Fächern entstehen Routinen und wird der Erfolg gewährleistet.

Es empfiehlt sich, zunächst die Trainingseinheiten 1 bis 3 zu absolvieren. Mithilfe der Trainingseinheit 4 können dann die verschiedenen Trainingseinheiten gemeinsam ausgewählt und ein Trainingsplan für die Lerngruppe erstellt werden.

Die einzelnen Trainingseinheiten sind klar gegliedert. Die hervorgehobenen Icons in der Kopfzeile weisen auf die methodischen Schwerpunkte der Trainingseinheit hin:

Arbeits-, Zeit- und Lernplanung

Kooperieren, im Team arbeiten

Präsentieren, Visualisieren

Informationen beschaffen und verarbeiten

Ideen sammeln, Kreativitätstechniken, sich auf Prüfungen vorbereiten

Mit dem PC arbeiten

Wir wünschen Ihnen beim Trainieren viel Spaß und viel Erfolg.

Alfons Axmann und Manfred Scherer

TRAININGSEINHEIT **1**

Über die persönliche Lernsituation nachdenken

Lernen begleitet unser ganzes Leben. Aber Lernen fällt nicht immer leicht. Lernvoraussetzungen und Lernbedingungen sind bei jedem Lernenden verschieden. Jeder hat seine Stärken und Schwächen. Lernen muss deshalb individuell ausgestaltet werden, um die Stärken zu nutzen und die Schwächen auszugleichen.
Dazu sollten Sie zunächst über Ihre persönliche Lernsituation nachdenken.

1. Stärken und Schwächen **feststellen**.

2. Über Lernschwierigkeiten und Probleme **diskutieren**.

3. Lösungswege **suchen**.

1.

Was fällt Ihnen beim Lernen eher schwer, was eher leicht?
Testen Sie sich selbst.

		fällt mir eher schwer	fällt mir eher leicht
1.	Lernstoff zu behalten …	☐	☐
2.	Schnell zu lesen und dennoch den Inhalt zu verstehen …	☒	☐
3.	Sachtexte mit Fachbegriffen zu verstehen …	☐	☐
4.	Skizzen und Tabellen zu erklären …	☐	☒
5.	Inhalte übersichtlich zusammenzufassen …	☐	☒
6.	Arbeitshefte übersichtlich zu führen …	☐	☒
7.	Definitionen zu verstehen und zu behalten …	☐	☐
8.	Theoretisches Wissen praktisch anzuwenden …	☐	☐
9.	Praktische Erfahrungen in den Fachunterricht einfließen zu lassen …	☐	☐
10.	Im Unterricht aufmerksam zu sein und aktiv mitzuarbeiten …	☒	☐
11.	Mich auf eine Sache zu konzentrieren …	☒	☐
12.	Zu üben und zu wiederholen …	☐	☒
13.	Arbeitsaufträge regelmäßig zu erledigen …	☐	☒
14.	Mit anderen zusammenzuarbeiten und zu lernen …	☐	☒
15.	Wichtige Termine einzuhalten …	☐	☒
16.	Klassenarbeiten und Prüfungen gut vorzubereiten …	☐	☐
17.	In Prüfungen das Gelernte auch zu zeigen …	☒	☐
18.	Während Klassenarbeiten und Prüfungen ruhig zu bleiben …	☒	☐
19.	Meine Gedanken schriftlich auszudrücken …	☐	☐
20.	Vor anderen frei zu sprechen …	☐	☒
21.	Verständnisfragen zu stellen …	☐	☐
22.	Meine Meinung offen und klar zu sagen …	☐	☒

2. ***Ergänzen Sie Ihre Aussagen durch „weil"-Sätze, z. B. „Arbeitsaufträge regelmäßig zu erledigen, fällt mir eher schwer, weil ich lieber meine Zeit mit meinen Freunden verbringe."***

Nr. ☐ ***..., weil*** ______

Nr. ☐ ***..., weil*** ______

Nr. ☐ ***..., weil*** ______

Nr. ☐ ***..., weil*** ______

Nr. ☐ ***..., weil*** ______

Nr. ☐ ***..., weil*** ______

Nr. ☐ ***..., weil*** ______

Nr. ☐ ***..., weil*** ______

Nr. ☐ ***..., weil*** ______

Nr. ☐ ***..., weil*** ______

Nr. ☐ ***..., weil*** ______

Nr. ☐ ***..., weil*** ______

Nr. ☐ ***..., weil*** ______

Nr. ☐ ***..., weil*** ______

Nr. ☐ ***..., weil*** ______

3. *Erstellen Sie einen persönlichen Trainingsplan. Überprüfen Sie mithilfe des Inhaltsverzeichnisses von „Betrifft Methodentraining", welche Methoden und Fertigkeiten Sie schon beherrschen und welche Sie noch ausbauen wollen.*

Trainingsplan

Methoden und Fertigkeiten/ Trainingseinheit Nr.	beherrsche ich bereits	möchte ich noch trainieren	Wie will ich das erreichen?
	☐	☐	
	☐	☐	
	☐	☐	
	☐	☐	
	☐	☐	
	☐	☐	
	☐	☐	
	☐	☐	
	☐	☐	
	☐	☐	
	☐	☐	
	☐	☐	
	☐	☐	
	☐	☐	

Den Lerntyp bestimmen

Lernen lässt sich auf verschiedenen Wegen. Jeder Mensch hat seine eigenen Wege, auf denen er am besten lernt. Wer z. B. beim Zuhören nicht alles versteht, muss deshalb nicht weniger lernfähig sein als die anderen. Vielleicht liegen die Stärken mehr im praktischen Lernen.
Grundsätzlich lassen sich drei Lernwege unterscheiden:

1. Lernen durch **Hören** (auditives Lernen).
2. Lernen durch **Sehen** (visuelles Lernen).
3. Lernen durch **Handeln** (kinästhetisches Lernen).

Finden Sie heraus, wie Sie am besten lernen und welcher Lerntyp Sie sind. Kreuzen Sie die Merkmale an, die für Sie zutreffen.
Addieren Sie die Anzahl Ihrer jeweiligen Merkmale.

	Lerntyp hören auditiver Lerntyp		Lerntyp sehen visueller Lerntyp		Lerntyp handeln kinästhetischer Lerntyp
☐	Ich wiederhole alles laut, um mir etwas besser zu merken.	☐	Ich behalte Inhalte gut, wenn ich sie mir mehrmals durchlese.	☐	Ich schreibe mir wichtige Inhalte auf, um sie mir besser merken zu können.
☐	Ich habe es lieber, wenn im Unterricht laut vorgelesen wird.	☐	Ich kann mir durch Schaubilder und Skizzen etwas gut einprägen.	☒	Ich mache mir für Klassenarbeiten und Prüfungen gerne Stichwortzettel.
☐	Ich erfasse Texte durch leises oder inneres Sprechen.	☐	Ich markiere Texte farbig, um sie besser zu verstehen.	☐	Ich erfasse Texte durch Herausschreiben von Stichwörtern.
☐	Ich erinnere mich bei Klassenarbeiten, indem ich mir etwas leise vorsage.	☐	Ich erinnere mich bei Klassenarbeiten an einzelne Tafel- oder Schaubilder.	☐	Ich gestalte lieber Plakate, Zeichnungen oder Schaubilder als Texte zu schreiben.
☐	Ich schätze es, wenn die Lehrerin oder der Lehrer den Unterrichtsstoff vorträgt.	☐	Ich merke mir schwierige Zusammenhänge durch Bilder.	☒	Ich arbeite gerne bei Projektarbeiten in der Gruppe.
☒	Ich erkenne schon an der Stimme, wie sich andere Menschen fühlen.	☒	Ich beurteile Menschen nach dem äußeren Erscheinungsbild.	☐	Mir macht handwerkliches Arbeiten und Basteln Spaß.
☐	Ich lerne leichter, wenn Mitschülerinnen oder Mitschüler mir etwas erklären.	☐	Ich gestalte Arbeitsunterlagen gerne übersichtlich.	☐	Ich verstehe theoretische Zusammenhänge besser an Fallbeispielen.
☐	Ich höre gerne Musik zur Entspannung.	☐	Ich besuche gerne Museen und Ausstellungen.	☒	Ich treibe gerne Sport.
☐	Ich liebe das Geräusch von Regentropfen.	☐	Ich beobachte gerne Menschen.	☐	Mir fällt es schwer, lange zu sitzen.
☒	Ich telefoniere sehr gerne.	☒	Ich gehe gerne ins Kino.	☒	Ich esse gerne und gut.
	Summe		Summe		Summe

1. Vergleichen Sie die Ergebnisse in Ihrer Lerngruppe.
2. Machen Sie Verbesserungsvorschläge für die Gestaltung Ihres Unterrichts. Treffen Sie Vereinbarungen mit Ihren Fachlehrerinnen und Fachlehrern.

Den Arbeitsplatz sinnvoll gestalten

„Ordnung ist das halbe Leben." Bezogen auf den Arbeitsplatz heißt dies, dass dieser optimal gestaltet sein sollte. Was das bedeutet, ist allerdings individuell verschieden: Manche lernen besser bei leiser Musik, andere brauchen einen aufgeräumten Schreibtisch. Sie sollten deshalb Ihren Arbeitsplatz so gestalten, dass es Ihren Lernbedingungen zugutekommt. Dies gilt sowohl für zu Hause als auch für die Schule.

1
trennen Arbeitszeit
Freizeit und klar

5
ablenken Musik oder
Fernsehen können

2
Arbeitszeiten
Hausarbeiten feste
Für die einplanen

4
am Platz
Möglichst gleichen
lernen immer

3
benötigte Nur
Arbeitsmittel
bereitlegen

1. ***Optimieren Sie Ihren Arbeitsplatz zu Hause.***
a) Setzen Sie aus den obigen Wörtern sinnvolle Merksätze zusammen und notieren Sie diese.

1. ______________________________

2. ______________________________

3. ______________________________

4. ______________________________

5. ______________________________

b) Welche Änderungen führe ich an meinem Arbeitsplatz zu Hause durch?

-
-
-
-

2.

Optimieren Sie Ihren Arbeitsplatz in der Schule.
a) Notieren Sie Vorschläge, wie Ihr Klassenraum besser gestaltet werden kann.

-
-
-
-
-

b) Diskutieren und bewerten Sie die Vorschläge im Plenum.
c) Entscheiden Sie sich für die besten Vorschläge.
d) Legen Sie konkrete Schritte und Maßnahmen fest:

Nr.	Maßnahme	Bis wann?	Wer?

3.

Aus eigener Erfahrung wissen Sie, dass Unterricht häufig gestört wird.
Zur Problembearbeitung gehen Sie nach der Moderationsmethode vor. Verwenden Sie dazu die

TRAININGSEINHEIT 28 Eine Moderation durchführen

- Unterrichtsstörungen sammeln
- Durch Punkt-Abfrage zu bearbeitende Störungen auswählen
- Störproblem bearbeiten: Ziel, Weg, Hindernisse
- Maßnahmen festlegen

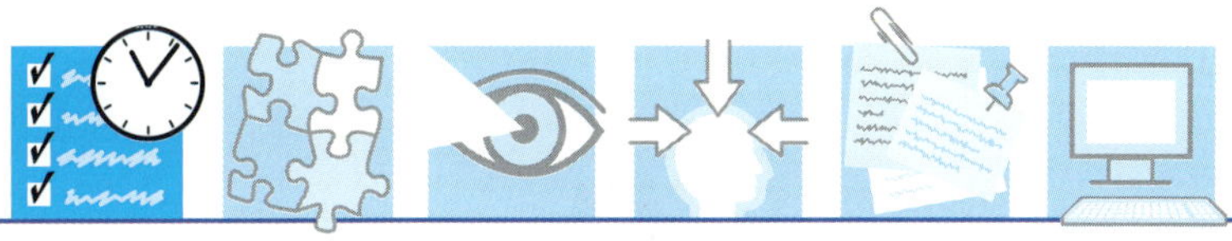

Einen Zeitplan erstellen

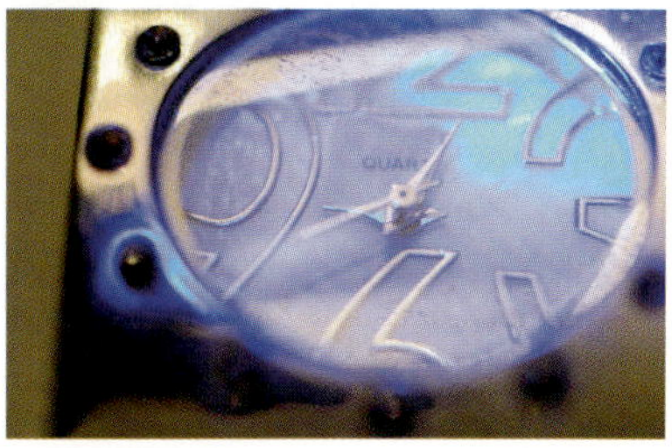

Um die Zeit „in den Griff“ zu bekommen, sollten Sie …

1. alle (schulischen und privaten) **Termine** und Aufgaben grundsätzlich schriftlich **notieren,**
2. Prioritäten **setzen** und Wichtiges vom Unwichtigen trennen,
3. für das Lernen **feste Zeitpunkte,** klare Zeitspannen und **„Meilensteine“ festlegen,**
4. nicht alle Zeit verplanen, sondern auch **freie Zeit vorsehen,**
5. **erledigte Termine abhaken,**
6. **längerfristige Termine** rechtzeitig einplanen und in Teilaufgaben **untergliedern.**

1. ***Notieren Sie über eine Woche Ihre schulischen und privaten Termine und Aufgaben. Verwenden Sie dazu den abgebildeten Terminkalender.***

2. ***Setzen Sie Prioritäten. Legen Sie durch Nummerierung die Rangfolge fest.***

Terminkalender

Montag		Donnerstag	
8	14	8	14
9	15	9	15
10	16	10	16
11	17	11	17
12	18	12	18
13	19	13	19

Dienstag		Freitag	
8	14	8	14
9	15	9	15
10	16	10	16
11	17	11	17
12	18	12	18
13	19	13	19

Mittwoch		Samstag	Sonntag
8	14		
9	15		
10	16		
11	17		
12	18		
13	19		

3. ***Legen Sie Zeitpunkte für Ihr Methodentraining fest, indem Sie die Meilensteine beschriften.***

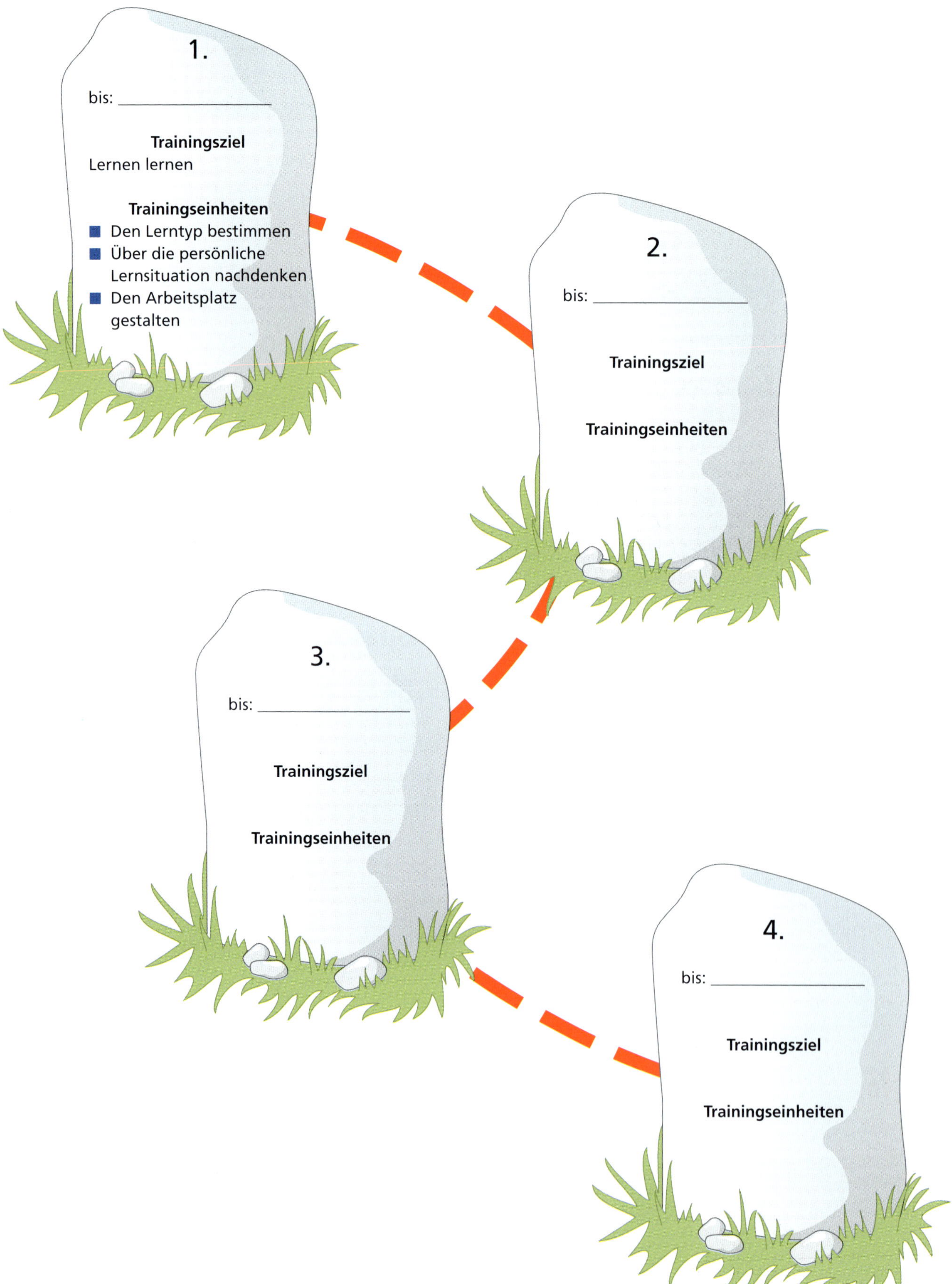

Ein Wochenprotokoll anfertigen und auswerten

„Was du heute kannst besorgen, das verschiebe nicht auf morgen." – „Zeit ist Geld."
Diese Sprichwörter spiegeln die Bedeutung eines erfolgreichen Zeitmanagements wider.

Um die Zeitplanung optimieren zu können, sollten Sie zunächst …

1. Ihren gesamten Tagesablauf über eine Woche **protokollieren** und
2. anschließend **kritisch auswerten.**

1. *Protokollieren Sie Ihren Tagesablauf mithilfe des folgenden Tagesprotokolls eine Woche lang.*

Tagesprotokoll vom: ______________________

Uhrzeit (von – bis)	Dauer (Minuten)	Tätigkeit	Bemerkung

Verwenden Sie dieses tabellarische Tagesprotokoll für alle Wochentage.

2. *Werten Sie Ihre Tagesprotokolle kritisch aus, indem Sie folgende Fragen beantworten:*

a) Für welche Tätigkeiten ist der Zeitaufwand zu groß?

b) Für welche Tätigkeiten ist der Zeitaufwand zu gering?

c) Wo kommen schulische Termine zu kurz?

d) Wo kommen private Termine zu kurz?

e) Welchen eigenen und fremden „Zeitdieben" sollten Sie das Handwerk legen?

f) Wo gibt es mögliche Zeit-Freiräume, die Sie besser nutzen können?

g) An welchen Tagen fühlten Sie sich gestresst? Woran lag dies?

Ideen sammeln: Brainstorming und Brainwriting

Neue Ideen sind gefragt. Mithilfe der Methoden **Brainstorming** („Gedankensturm") und **Brainwriting** („Gedankenschreiben") lassen sich kreativ Ideen finden und weiterentwickeln. Während Brainstorming mündlich erfolgt, werden die Ideen beim Brainwriting schriftlich geäußert. Beim Brainstorming werden die Ideen von einem Protokollanten z. B. auf Moderationskarten notiert, damit sie später strukturiert werden können.

Für beide Methoden gelten folgende Spielregeln:

- Jede Idee ist willkommen.
- „Spinnen" ist erwünscht.
- Quantität ist zunächst wichtiger als die Qualität der Ideen.
- Ideen von anderen aufgreifen und fortführen ist erlaubt.
- Kritik ist während des Brainstormings oder Brainwritings untersagt.

Brainwriting wird auch als „**Methode 635**" (6 Teilnehmer – 3 Ideen – 5 Minuten) bezeichnet. Dabei wird wie folgt vorgegangen:

1. Die Frage oder Problemstellung klar formulieren.
2. Spontan werden **drei** Ideen auf einem Blatt notiert.
3. Nach **fünf** Minuten wird das Blatt an den benachbarten Mitschüler oder die benachbarte Mitschülerin weitergereicht.
4. Die Mitschülerin oder der Mitschüler notieren ebenfalls drei neue Ideen, die Ergänzungen oder Fortführungen zu den Ideen des Vorgängers sein können.
5. Nach fünf Minuten wird erneut getauscht, bis die **sechs** Teilnehmerinnen und Teilnehmer ihre Ideen notiert haben.
6. Im Plenum werden alle Ideen strukturiert und bewertet.

1. ***Trainieren Sie die Brainstorming-Methode, indem Sie Ideen zu den folgenden Fragen und Problemstellungen sammeln:***
- ***Was wollen wir während der Klassenfahrt unternehmen?***
- ***Worauf achte ich bei meinem Vorstellungsgespräch?***
- ***Wir erstellen eine Web-Seite für unsere Schule.***
- ***Welche Sachen sind typisch für unsere Region? Wir schnüren ein Überraschungspaket für Besucher und Gäste.***

2. ***Trainieren Sie die Brainwriting-Methode mithilfe des Arbeitsblattes auf der folgenden Seite.***

Brainwriting: Vorgehensweise

1. Notieren Sie die Frage oder Problemstellung.
2. Notieren Sie Ihre drei Ideen.
3. Reichen Sie das Blatt nach fünf Minuten weiter.
4. Hier notiert der nächste Teilnehmer oder die nächste Teilnehmerin seine/ihre Ideen und reicht das Blatt nach fünf Minuten weiter.
5. Weitere vier „Ideen-Runden".
6. Im Plenum die Ideen strukturieren und bewerten.

Frage/Problem: ______________________________

1. Idee	2. Idee	3. Idee

Mind Map erstellen

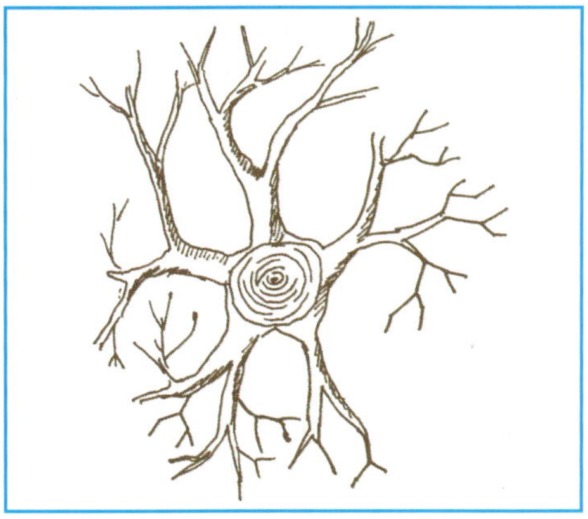

Skizzen helfen, Ideen zu sammeln, Lerninhalte zusammenzufassen, zu merken und zu wiederholen. Eine Mind Map (Gedächtnislandkarte) eignet sich auch als kreative Methode, Probleme zu skizzieren und zu neuen Lösungsansätzen zu kommen.

Mind Mapping basiert auf einer Technik, die spanische Mönche im 16. Jahrhundert erfunden haben. Stichwörter werden zu baumartigen Strukturen zusammengefügt.

Die Struktur einer Mind Map erinnert an einen Baum, von oben aus gesehen. Eine Mind Map ist leicht anzufertigen:

1. Das **Thema** in einem Kreis in der **Mitte** des Blattes notieren.
2. **Hauptäste** und **Zweige** anlegen, das Thema in seine einzelnen Bereiche aufgliedern.
3. **Zweigverbindungen** erstellen, um Zusammenhänge deutlich zu machen.
4. Hinweise, **Symbole** und Bilder einfügen.

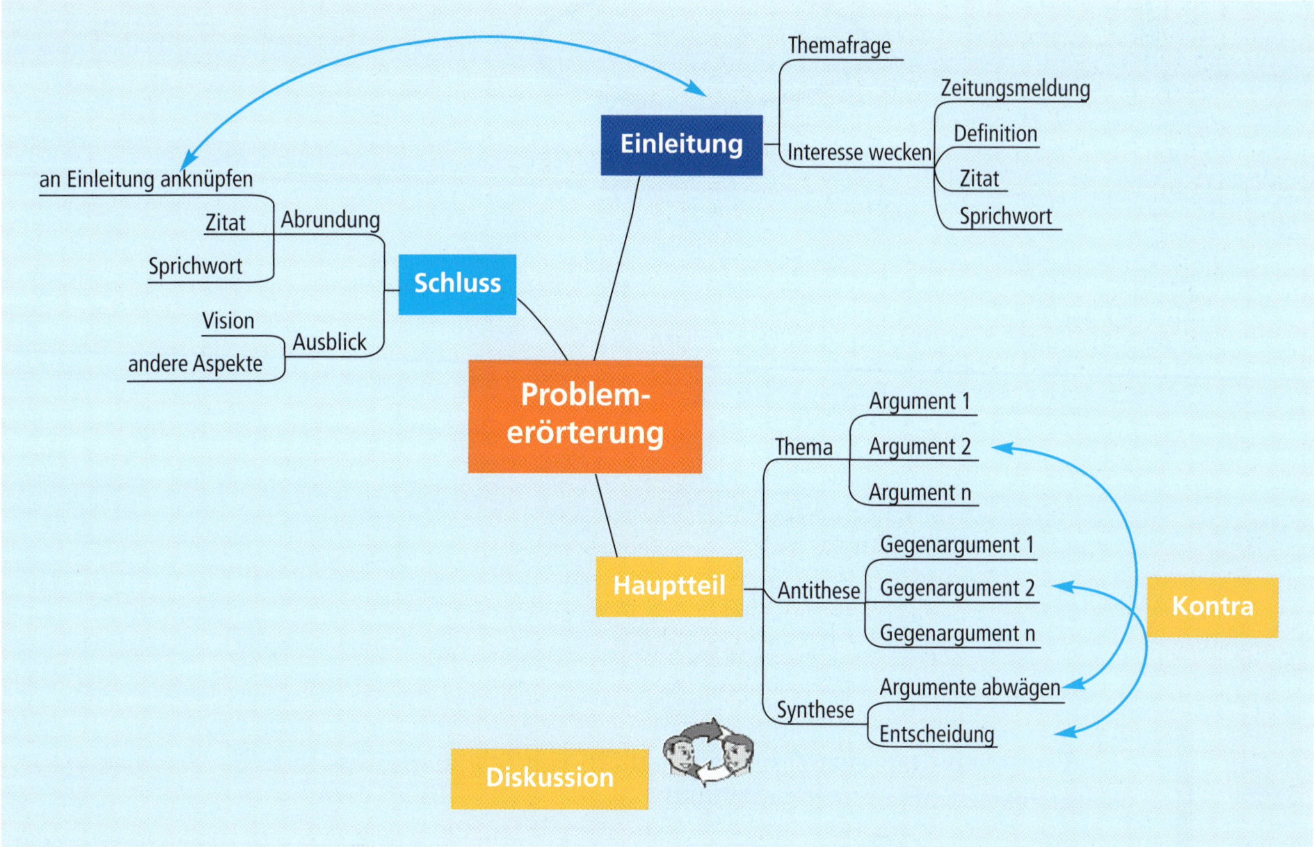

Trainieren Sie das Anfertigen einer Mind Map. Wählen Sie dazu selbst ein Thema aus.

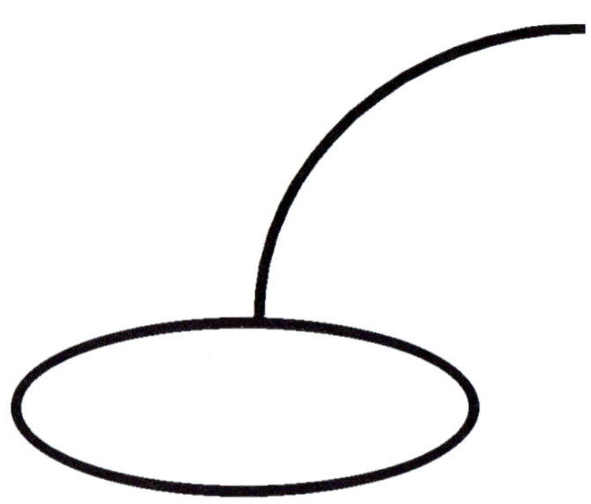

Eine Mind Map lässt sich auch mithilfe von Standardsoftware (z. B. Mindmanager) erstellen. Nutzen Sie diese Möglichkeiten.

Clustern, ordnen und strukturieren

Kreativität erwächst aus der Verbindung von Spontaneität und logischem Denken. Konkret bedeutet dies: Zusammenfügen, was zusammengehört, Begriffe in Ober- und Unterbegriffe ordnen, Strukturen und Netzwerke entwickeln.

Dabei kann wie folgt vorgegangen werden:

1. Grob **vorsortieren.**
2. Ordnungskriterien **(Oberbegriffe)** festlegen.
3. Nach den Kriterien **sortieren.**
4. Nach **Unterbegriffen** fein sortieren.
5. Das Ordnungssystem **überprüfen.**

Trainieren Sie das Ordnen und Strukturieren an den folgenden Übungen.

1. ***Clustern:***
Beim Brainwriting über die Themafrage „Wie verbringe ich meine Freizeit?" werden folgende Moderationskarten beschriftet.

im Internet surfen	*Musik hören*	*einkaufen*
Videos	*Sport*	*Fußball spielen*
faulenzen	*fernsehen*	*tanzen*
schwimmen	*chatten*	*Briefe schreiben*
malen	*Kino*	*Disco*
Hund ausführen	*Feuerwehr*	*im Altenheim helfen*
lesen	*ausgehen*	*segeln*
Verein	*Klavier spielen*	*Gitarre spielen*
Jugendclub	*Fitnessstudio*	*joggen*

Clustern Sie die Karten, indem Sie

a) Tätigkeiten sortieren, die zusammengehören,
b) zu jedem Cluster einen Oberbegriff notieren,
c) Zusammenhänge grafisch aufzeigen.

2. *Ordnen:*

Die folgenden unsortierten Gliederungspunkte entstammen einer Problemerörterung (Dialektische Erörterung). Ordnen Sie die Punkte nummerisch nach dem Gliederungsschema einer Problemerörterung.

TRAININGSEINHEIT 7 Mind Map erstellen, Seite 17

Fortschritte bei Forschung nach Medikamenten – Tierversuche sind notwendig – Tierversuche sind grausam und Tierquälerei – Für Schönheit müssen Tiere leiden – Selbstversuche sind kein Ersatz für Tierversuche – Computersimulationen können Tierversuche ersetzen – Tierversuche sind nicht notwendig – Zweifel an der Übertragbarkeit der Versuche auf den Menschen – Einsatz in Militärtechnik nicht vertretbar – Ausbildung von Wissenschaftlern und Ärzten – Fortschritte bei Behandlungsmethoden – Versuche sind ethisch nicht vertretbar – Zeitungsmeldung: „Tiere aus Käfigen befreit" – Für Tierversuche in Medizin und Forschung, aber nicht für Kosmetika und Militärtechnik – Schlussgedanke: Ich achte beim Kauf auf Produkte ohne Tierversuche

3. ***Ordnen:***
Mithilfe eines alphabetisch angeordneten Stichwortverzeichnisses lassen sich in einem Buch schnell Textstellen und Inhalte finden.
Erstellen Sie das Stichwortverzeichnis zum Trainingsbuch „Betrifft Methodentraining", indem Sie die folgenden Stichworte mit den Seitenzahlen in alphabetischer Reihenfolge sortieren und auf den letzten Seiten des Buches notieren: Trainingseinheit 33.

Lernsituation, 5	Gesprächsnotizen, 24	Gruppenpuzzle, 61
Trainingsplan, 7	Telefongespräch, 24	Expertenteam, 61
Lerntyp, 8	Ergebnisprotokoll, 29	Konfliktlösung, 66
Arbeitsplatzgestaltung, 9	Lernkartei, 30	Rollenspiel, 67
Zeitplan, 11	Markieren, 30	Fälle, 68
Lernvoraussetzungen, 5	Karteikarten, 32	Moderation, 71
Terminkalender, 11	Textverständnis, 34	Lernbedingungen, 5
Meilenstein, 12	Stichwortzettel, 36	Leittextmethode, 74
Protokoll, 13, 26	Internetrallye, 38	Visitenkarten, 74
Brainstorming, 15	Urheberrecht, 38	Planspiel, 78
Brainwriting, 15	Suchmaschine, 40, 42	Mnemotechniken, 81
Methode 635, 15	Internetrecherche, 40	Testaufgaben, 84
Mind Map, 17	Karikatur, 44	Gliedern, 21
Clustern, 19	Schaubilder, 47	Beurteilungsbogen, 80
Problemerörterung, 21	Diagramme, 47, 49	Notizen, 24
Stichwortverzeichnis, 22	Moderationskarten, 42	Ordnen, 19
Programmablaufplan, 22	Visualisieren, 52, 55, 57	Wochenprotokoll, 5
Doppelkreis, 59	Plakat, 55	Kugellager, 59

4. ***Strukturieren:***
In einem Struktogramm oder einem Programmablaufplan werden Vorgänge anschaulich dargestellt. Dabei werden in einem Programmablaufplan Symbole nach DIN 66001 verwendet:

Anfang und Ende | **Ja/Nein-Abfrage** | **Anweisung Tätigkeit** | **Ablaufrichtung**

Der abgebildete Programmablaufplan veranschaulicht die Nutzung eines Geldautomaten. Setzen Sie die folgenden Anweisungen und Abfragen in den Programmablaufplan ein: Weiterer Versuch? – Weiterer Versuch? – Geldbetrag wählen – Geldkarte entnehmen – Geldkarte entnehmen – Geldkarte entnehmen – Geldkarte lesbar? – Geldkarte einführen – PIN eingeben – Geld entnehmen – PIN akzeptiert?

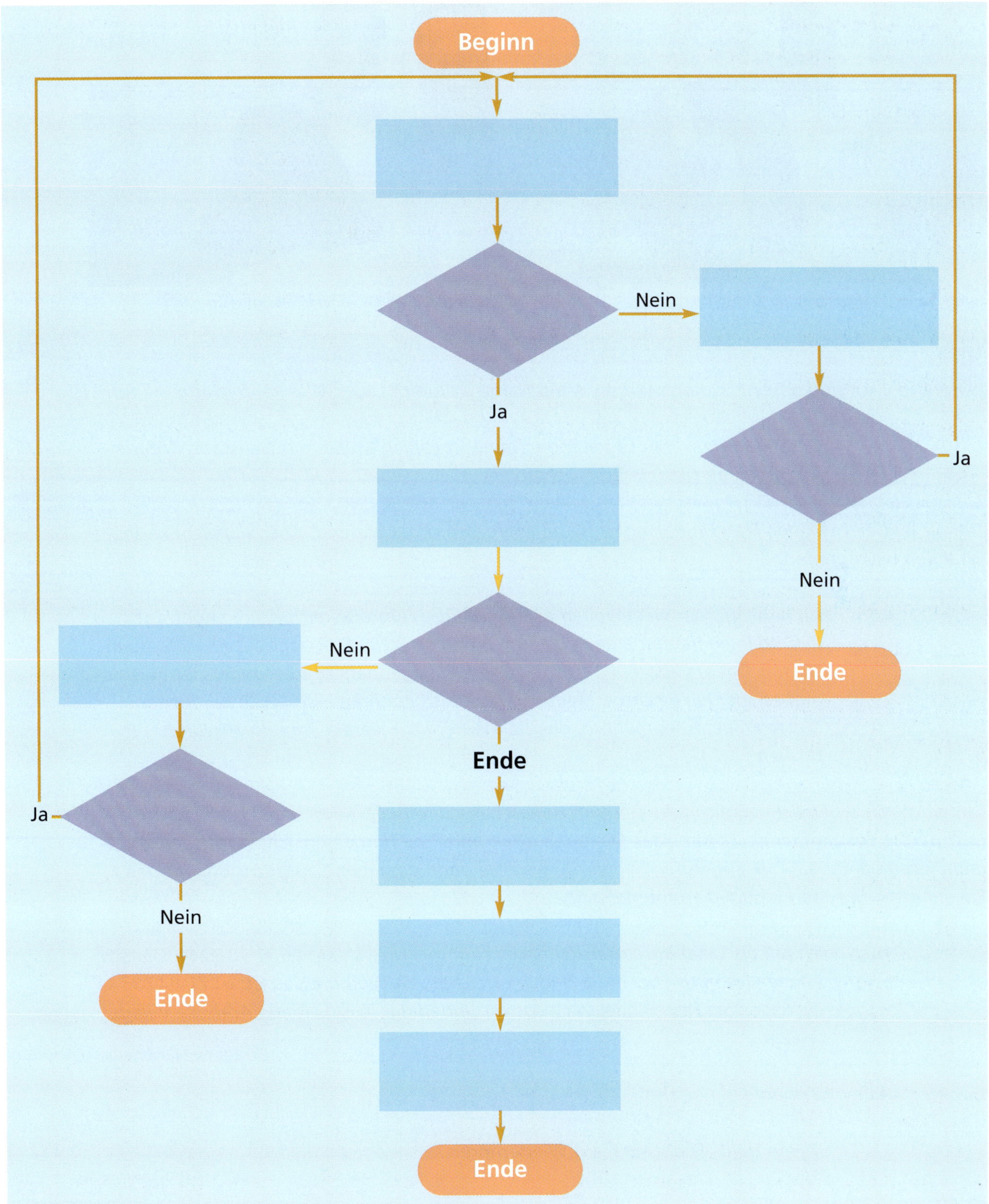

Gesprächsnotizen anfertigen

Judith Lauer, Praktikantin im Reisebüro ...

... und Herr Müller bei einem Telefongespräch

Reisebüro „Auf und davon". Guten Morgen. Mein Name ist Judith Lauer. Was kann ich für Sie tun?

Guten Morgen, Frau Lauer. Mein Name ist Fabian Müller aus Neustadt. Könnte ich bitte Frau Hindelang sprechen?

Tut mir leid, Herr Müller, Frau Hindelang ist heute Morgen nicht anwesend. Aber vielleicht kann ich Ihnen weiterhelfen.

Ich habe gestern wegen einer zweiwöchigen Flugreise nach Kreta angefragt. Ihre Kollegin hat mir eine Reise zum Preis von 2.239 EUR angeboten. Abflug am 18. Juli. Das angebotene Hotel „Arabella Village" sagt uns besonders zu. Jetzt gibt es aber ein Problem: Meine Frau und ich könnten erst ab 20. Juli fliegen. Meine Frage: Ist es möglich, die gleiche Reise zu diesem Preis ab 20. Juli zu buchen?

Das wird wahrscheinlich möglich sein. Die Unterlagen hat allerdings Frau Hindelang, die heute Nachmittag wieder hier ist. Es ist besser, Sie reden direkt mit Frau Hindelang. Ich werde meine Kollegin informieren, dass Sie angerufen haben. Sie wird Sie dann umgehend zurückrufen. Können Sie mir bitte Ihre Telefonnummer hinterlassen?

Ich bin bis 16:00 Uhr unter folgender Nummer erreichbar: 06 81-78 83 44. Danach können Sie mich über mein Handy erreichen; die Nummer lautet: 01 71-8 47 33 71. Sagen Sie Frau Hindelang, dass wir unbedingt in das Hotel „Arabella Village" wollen.

Gut, Herr Müller, ich werde es notieren.

Vielen Dank, Frau Lauer, auf Wiederhören.

Auf Wiederhören, Herr Müller.

Eine Notiz sollte folgende Angaben enthalten:

- Datum und Uhrzeit des Gesprächs.
- Name (und Funktion) des Gesprächspartners bzw. der Gesprächspartnerin.
- Adressat des Gesprächs.
- Inhalt der Mitteilung in Stichworten oder kurzen Sätzen.
- Vorgeschlagene bzw. ergriffene Maßnahmen.
- Unterschrift des Gesprächsempfängers.

Notieren Sie den Inhalt des Telefongesprächs zwischen Judith Lauer und Herrn Müller, indem Sie den Sachverhalt im Formular festhalten.

Gesprächsnotiz

notiert von: ____________________

Gesprächspartner ______________________________

telefonisch: ☐

persönlich: ☐

Datum: ______________

10 11 12 1 2
9 Uhrzeit 3
8 7 6 5 4

Gesprächsgegenstand: ______________________________

Gesprächsergebnisse:

____

____

____

____

____

Verbleib/weiteres Vorhaben: ______________________________

Anlagen: ______________________________

Datum, Unterschrift: ______________________________

Protokollieren

Einladung
aller Klassensprecher/-innen der Heise-Schule

zur SMV-Sitzung
am 17. Oktober – 11:45 Uhr bis 13:00 Uhr
im SMV-Raum, Gebäude C

Tagesordnung
1. Begrüßung
2. Schulfest
3. Teilnahme an der Gesamtkonferenz
4. Verschiedenes

Michael Beckmann
Schülersprecher

Lesen Sie die Beiträge in der SMV-Sitzung in Rollen

Ausschnitte aus der SMV-Sitzung:

Michael Beckmann, Schülersprecher
Ich begrüße euch alle zur zweiten SMV-Sitzung in diesem Schuljahr. Helene Moor von der HBF 3 hat sich entschuldigt. Sonst sind alle anwesend. Wir sind damit beschlussfähig. Die Einladung ist euch rechtzeitig zugegangen. Gibt es Anträge zur Tagesordnung?

Ayse Onur, Klassensprecherin der Klasse BS 2
Ich hätte ganz gerne das Problem mit dem Angebot im Schulkiosk diskutiert.

Michael Beckmann, Schülersprecher
Bist du einverstanden, dass wir diesen Punkt unter „Verschiedenes" besprechen?

Ayse Onur, Klassensprecherin der Klasse BS 2
Ja, damit bin ich einverstanden.

Michael Beckmann, Schülersprecher
Noch Änderungswünsche? – Das ist nicht der Fall. Dann rufe ich den Tagesordnungspunkt 2 auf: „Schulfest". Dazu erteile ich Jochen das Wort. Er hat sich dazu bereits einige Gedanken gemacht.

Jochen Stöber, Klassensprecher der Klasse GK 1
Es ist ja schon Tradition, dass zum Ende des Schuljahres an unserer Schule ein Schulfest veranstaltet wird. Ich habe mit unserem Vertrauenslehrer, Herrn Wedler, darüber gesprochen. Er hat uns seine Unterstützung zugesagt. Allerdings gebe ich zu bedenken, dass das Fest nur gelingen kann, wenn alle mitarbeiten. Deshalb müssten wir klären, ob wir überhaupt die Veranstaltung durchführen wollen.

Matthias Bourquin, Klassensprecher der BS 1
Die Idee finde ich ja auch gut. Aber ich denke, das können wir hier nicht entscheiden. Da müssten wir zunächst eine Umfrage in den Klassen starten.

Jennifer Simon, Klassensprecherin der FK 3
Da bin ich anderer Ansicht. Wir sollten heute prinzipiell darüber entscheiden, da die Zeit drängt. Bisher haben wir das ja auch so gehalten.

Michael Beckmann, Schülersprecher
Gut, dann sollten wir über die beiden Vorschläge von Matthias und Jennifer abstimmen. Wer für den Vorschlag von Matthias ist, zuerst eine Umfrage zu starten, den bitte ich um ein Handzeichen. – Drei dafür. Wer ist dagegen? – Zwölf. Wer enthält sich? – Drei Enthaltungen. Damit ist der Antrag von Matthias abgelehnt.
Wer für den Vorschlag von Jennifer ist, den bitte ich jetzt um ein Handzeichen. – Dreizehn dafür. Wer ist dagegen? – Drei dagegen. Wer enthält sich? – Zwei Enthaltungen. Damit ist der Antrag von Jennifer angenommen, dass wir heute über das Schulfest beschließen können.

Jochen Stöber, Klassensprecher der Klasse GK 1
Das heißt, wir müssten jetzt nochmals abstimmen, ob wir das Schulfest überhaupt organisieren.

Michael Beckmann, Schülersprecher
Richtig. Ich bitte also um euer Votum. Wer ist dafür, dass wir das Schulfest durchführen?
– Siebzehn. Wer ist dagegen? – Keiner. Wer enthält sich? – Eine Enthaltung. Damit steht fest, dass wir das Schulfest gestalten. Bleibt jetzt noch die wichtige Frage nach dem Termin zu klären.

Ann-Kathrin Grünauer, Klassensprecherin der Klasse FS 3
Ich schlage die letzte Woche im Juni vor. Da sind die Abschlussarbeiten geschrieben. Der Freitag hat sich bewährt. Das wäre also der 28. Juni.

Janina Weiß, Klassensprecherin der Klasse SV 2
Meine Klasse ist zu diesem Termin noch auf Klassenfahrt. Ich schlage deshalb den 5. Juli vor.

Ann-Kathrin Grünauer, Klassensprecherin der Klasse FS 3
Damit wäre ich auch einverstanden.

Michael Beckmann, Schülersprecher
Gibt es noch andere Terminvorschläge? – Das ist nicht der Fall. Wer für Freitag, den 5. Juli ist, den bitte ich um ein Handzeichen. – Der Termin ist einstimmig angenommen.

Jochen Stöber, Klassensprecher der Klasse GK 1
Dann müssen wir jetzt noch einen Fest-Ausschuss bestimmen, der bis zur nächsten Sitzung Vorschläge für die Gestaltung des Schulfestes ausarbeitet. Letztes Mal hatte der Ausschuss fünf Mitglieder. Ich bin bereit mitzuarbeiten.

Michael Beckmann, Schülersprecher
Wer ist außer Jochen noch bereit im Ausschuss mitzuarbeiten? – Ann-Kathrin Grünauer, Janina Weiß, Ayse Onur, Patrick Volz.

Jochen Stöber, Klassensprecher der Klasse GK 1
Die erste Ausschusssitzung sollten wir noch in diesem Monat durchführen. Ich schlage den 27. Oktober, 14:00 Uhr im SMV-Raum vor. Geht das? – Gut.

Michael Beckmann, Schülersprecher
Nächster Tagesordnungspunkt ist die Teilnahme an der Gesamtkonferenz am 24. Oktober, 15:00 Uhr im Konferenzraum. Die Einladung der Schulleitung habe ich erhalten. Leider kann ich aber zu diesem Termin nicht und meine Stellvertreterin, Helene Moor, ist krank. Deshalb müsste eine Klassensprecherin oder ein Klassensprecher an der Konferenz teilnehmen, um unsere Interessen vertreten zu können. Wer kann und will an der Konferenz teilnehmen?

Matthias Bourquin, Klassensprecher der BS 1
Ich würde das machen.

Michael Beckmann, Schülersprecher
Danke, Matthias. Wer also dafür ist, dass Matthias Bourquin die SMV an der Gesamtkonferenz vertritt, den bitte ich um ein Handzeichen. – Siebzehn dafür, bei einer Enthaltung.
Matthias, hier die Einladung für die Konferenz. Du kannst uns ja auf der nächsten Sitzung berichten.
Wir kommen zum Tagesordnungspunkt „Verschiedenes".
Ayse Onur hatte dazu bereits das Problem „Schulkiosk" angesprochen. Ayse, kannst du das Problem kurz schildern?

Ayse Onur, Klassensprecherin der Klasse BS 2
Es geht um Folgendes: Seit zwei Wochen wird in den Pausen kein frisches Obst mehr angeboten. Ich finde das aber wichtig. Auch andere Schülerinnen haben mich darauf angesprochen.

Steffen Boll, Klassensprecher der Klasse HBF 2
Ayse hat recht. Aber ich habe gehört, dass die Nachfrage nicht groß war und deshalb kein Obst mehr verkauft wird. Michael Beckmann sollte trotzdem mal bei der Schulleitung nachhaken und darauf drängen, dass Obst wieder im Schulkiosk angeboten wird.

Michael Beckmann, Schülersprecher
Gut, ich werde mich darum kümmern. Asye, du kannst gerne an dem Gespräch teilnehmen.
Gibt es sonst noch Punkte unter „Verschiedenes"? – Das ist nicht der Fall. Dann sollten wir den Termin für unsere nächste SMV-Sitzung festlegen. Ich schlage, Dienstag, den 18. November vor, wieder zur gleichen Zeit, 11:45 bis 13:00 Uhr. Einverstanden? Dann ist das so beschlossen.
Ich danke euch allen für euer Kommen und die konstruktive Mitarbeit. Ich schließe damit die heutige Sitzung und wünsche euch noch einen schönen Nachmittag.

Protokolle dienen vor allem der Dokumentation, Information und der Kontrolle.
Beim Protokollieren sollte auf folgende Punkte geachtet werden:

- Objektive Darstellung (keine wertenden Adjektive und Verben).
- Klare zeitliche oder systematische Gliederung.
- Treffende, kurze Ausdrucksweise.
- Wichtige Äußerungen in Form von Zitaten oder in indirekter Rede.
- Zeitform der Gegenwart.

TRAININGSEINHEIT 26 Konflikte im Gespräch lösen

Das Ergebnisprotokoll hält Beschlüsse und Ergebnisse einer Sitzung oder Diskussion fest. Protokollieren Sie die SMV-Sitzung vom 17. Oktober.

Protokoll

Über: ______________________

Datum: ______________________

Ort: ______________________

Beginn: ______________________

Ende: ______________________

Anwesend: ______________________

Abwesend: ______________________

Leitung: ______________________

Protokollführung: ______________________

Ergebnisse:

____

____

____

____

____

____

____

____

____

____

____

____

____

Protokollführer/-in

Leiter/-in

Texte markieren und zusammenfassen

Um Texte besser zu verstehen und Inhalte zu lernen, muss ein Text gearbeitet werden.

1. Den Text **lesen.**
2. Unklare **Begriffe nachschlagen.**
3. Wichtige **Textstellen markieren,** z. B. mit Bleistift oder Textmarker.
4. **Textstellen zusammenfassen:** Schlüsselbegriffe, Überschriften.

Trainieren Sie diese Schritte am Text „Arbeiten mit der Lernkartei". Notieren Sie am Rand die Schlüsselbegriffe und Überschriften.

Thema

Zweck

? = Gedankenskizze

Lernkartei

1. Karteikasten

2.

Arbeiten mit der Lernkartei

Lerninhalte lassen sich durch verschiedene Arbeitsweisen leichter erschließen, verstehen und behalten: durch Schreiben und lautes Lesen, durch das Markieren und Zusammenfassen von Texten, durch Anfertigen einer Mind Map, von Tabellen, Grafiken, Wandtafeln, Plakaten oder durch Spickzettel. Dem gleichen Zweck dient die Lernkartei.

Für die Lernkartei werden ein Karteikasten sowie verschiedenfarbige Karteikarten benötigt.

Für die Karteikarten eignet sich dünne Pappe. Aus einem DIN-A4-Bogen lassen sich acht kleine Kärtchen (10,5 cm x 7,3 cm) fertigen. Dazu muss der Bogen mehrmals gefaltet und die Kärtchen ausgeschnitten werden. Verschiedene Farben können die unterschiedlichen Lerninhalte besser auseinanderhalten.

Auch der Karteikasten lässt sich leicht selbst herstellen. Als Grundmaterial dient ein Bogen aus stabiler Pappe. Dieser wird nach der Skizze zugeschnitten und gefaltet. Wichtig ist, dass die Kärtchen in der Breite gerade hineinpassen; die Seitenwände des Kastens sollten etwas tiefer sein als die Karteikarten. Wenn die beiden Außen- und die vier Innenwände nach den Abständen der Skizze eingeklebt sind, ist die Lernkartei startklar.

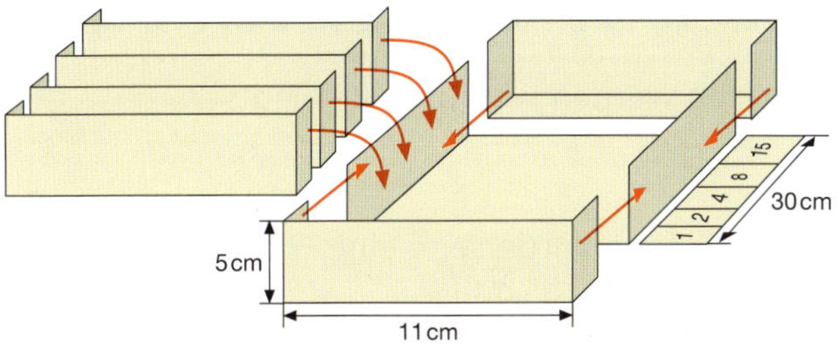

Wie wird die Lernkartei angelegt?

Auf den Karteikarten werden nur die wichtigsten Inhalte des Lernstoffes notiert. Es ist z. B. sinnvoll, auf die Vorderseite der Karten eine Frage und auf die Rückseite die Antwort zu schreiben.

Wie wird mit der Lernkartei gearbeitet?

Alle neu beschrifteten Karten kommen ins erste Fach. Ist der Lernstoff verinnerlicht, wandern die Karten ins zweite Fach.

Damit die Lerninhalte nicht vergessen werden, müssen sie wiederholt werden. Alle Karten, die bei der Wiederholung „gelöst" werden, wandern ins nächste Fach.

Die Karten, bei denen noch Wissenslücken vorhanden sind, müssen in das erste Fach zurück. Im ersten Fach sind also immer die Inhalte, die nochmals gelernt werden müssen.

Je weiter eine Karte nach hinten rutscht, umso besser ist der Lernstoff eingeprägt.

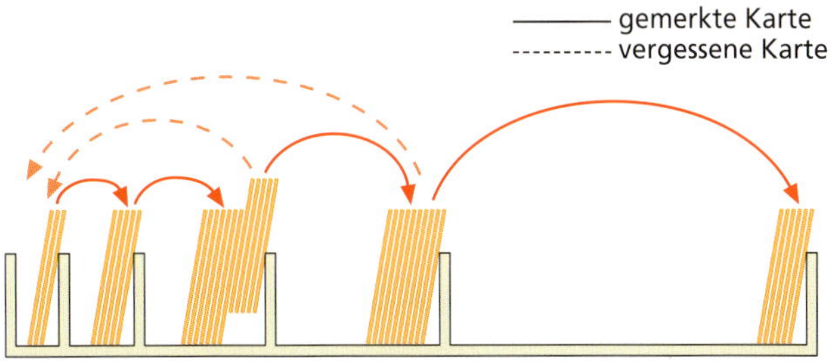

Fertigen Sie eine Lernkartei an. Erstellen Sie Lernkarten für den Lernstoff der verschiedenen Unterrichtsfächer. Reden Sie darüber mit Ihren Fachlehrerinnen und Fachlehrern.

TRAININGSEINHEIT 12 Mit der Lernkartei arbeiten

Mit der Lernkartei arbeiten

Karteikarten werden wie folgt angelegt:

1. Auf die Vorderseite eine **Frage** schreiben.
2. Auf die Rückseite die Antwort schreiben.
3. Die Karten mit einer **Kopfzeile** beschriften, z. B. mit Unterrichtsfach und Thema.

Die Lernkartei eignet sich auch gut, um alleine Vokabeln zu lernen.

Trainieren Sie diese Schritte, indem Sie die Karteikarten für den Unterricht beschriften.

Englisch – Unregelmäßige Verben/irregular Verbs

Wie lauten die Formen von „to go“

1. many

2. much

Englisch – Uhrzeit/Time

What time is it?

1.

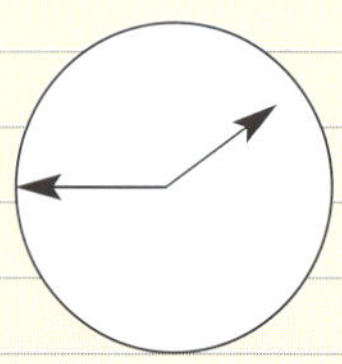

2.

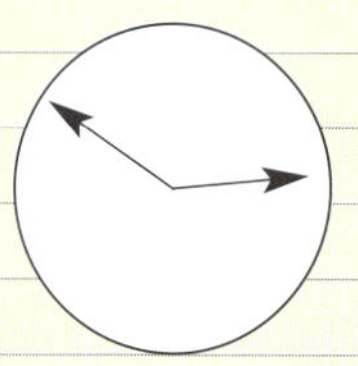

1.

2.

Mathematik – Flächenberechnung

Wie berechnet sich die Fläche eines Dreiecks?

Mathematik – Flächenberechnung

Ein Hektoliter (hl) sind

a) wie viel Liter (*l*)?
b) wie viel Centiliter (cl)?
c) wie viel Milliliter (ml)?

Sozialkunde – Regierungssystem

Wer wählt den Bundespräsidenten?

Sozialkunde – Wahlen

Wie heißen die fünf Wahlrechtsgrundsätze?

Lesen und Texte verstehen

Um einen Text zu verstehen, ist es notwendig, ihn aufmerksam zu lesen.

1. *Lesen Sie den Zeitschriftenartikel auf der gegenüberliegenden Seite.*

2. *Beantworten Sie die folgenden Fragen, indem Sie die richtige Antwort ankreuzen. Zeigen Sie damit, dass Sie den Text aufmerksam gelesen und verstanden haben.*

Frage 1
Um die Struktur der DNS zu erklären, spricht der Autor von einer Perlenkette. Wodurch unterscheiden sich diese Perlenketten bei verschiedenen Menschen?

A *Sie sind von unterschiedlicher Länge.*

B *Die Reihenfolge der Perlen ist unterschiedlich.*

C *Die Anzahl der Ketten ist unterschiedlich.*

D *Die Farbe der Perlen ist unterschiedlich.*

Frage 2
Welchen Zweck hat der Kasten mit der Überschrift: „Wie findet man den genetischen Personalausweis?" Er soll erklären,

A *was die DNS ist.*

B *was ein Strichcode ist.*

C *wie Zellen analysiert werden, um das Muster der DNS zu finden.*

D *wie bewiesen werden kann, dass ein Verbrechen begangen worden ist.*

Frage 3
Was ist das Hauptziel des Autors?

A *Zu warnen.*

B *Zu unterhalten.*

C *Zu informieren.*

D *Zu überzeugen.*

Frage 4
Am Schluss der Einführung (erster grau unterlegter Kasten) heißt es: „Aber wie ist es zu beweisen?"

Im Text steht, dass die Ermittlungsbeamten eine Antwort auf diese Frage zu finden suchen, indem sie

A *Zeugen befragen.*

B *Gentests durchführen.*

C *den Verdächtigen gründlich verhören.*

D *sämtliche Ermittlungsergebnisse noch einmal durchgehen.*

Wissenschaftliche Waffen der Polizei

Ein Mord wurde begangen, aber der Verdächtige streitet alles ab. Er behauptet, das Opfer nicht zu kennen. Er sagt, er habe ihn nie gekannt, sei nie in seiner Nähe gewesen, hätte ihn nie angerührt ... Polizei und Justiz sind überzeugt, dass er nicht die Wahrheit sagt. Aber wie ist es zu beweisen?

Am Tatort haben die Ermittlungsbeamten jede noch so kleine denkbare Spur und mögliche Beweisstücke zusammengetragen: Gewebefasern, Haare, Fingerabdrücke, Zigarettenstummel ... Die wenigen auf dem Jackett des Opfers gefundenen Haare sind rot. Und sie sehen denen des Verdächtigen merkwürdig ähnlich. Wenn es bewiesen werden könnte, dass diese Haare tatsächlich von ihm stammen, wäre das ein Beweis, dass er dem Opfer doch begegnet war.

Jedes Individuum ist einzigartig

Die Spezialisten gehen an die Arbeit. Sie untersuchen einige Zellen an der Haarwurzel und ein paar Blutzellen des Verdächtigen. Im Kern jeder Zelle unseres Körpers befindet sich DNS. Was ist das? Die DNS ist wie eine Kette aus zwei umeinander gedrehten Perlenreihen. Stelle dir vor, dass diese Perlen in vier verschiedenen Farben vorkommen und Tausende von Perlen (aus denen ein Gen besteht) in einer ganz bestimmten Reihenfolge aufgezogen sind. Bei jedem einzelnen Individuum ist diese Reihenfolge in allen Zellen des Körpers gleich: die von den Haarwurzeln genauso wie die vom großen Zeh, von der Leber sowie des Magens oder des Blutes. Aber die Reihenfolge der Perlen ist bei jedem Menschen anders. Die Wahrscheinlichkeit, dass zwei Menschen die gleiche DNS haben, ist angesichts der Anzahl derart aufgezogener Perlen sehr gering, mit Ausnahme von eineiigen Zwillingen. Einzigartig für jedes Individuum, ist die DNS damit eine Art genetischer Personalausweis.
Die Genetiker können deshalb den (in seinem Blut festgelegten) genetischen Personalausweis des Verdächtigen mit dem der rothaarigen Person vergleichen.

Mikroskop in einem Polizeilabor

Wenn der genetische Personalausweis derselbe ist, wissen sie, dass der Verdächtige doch in der Nähe des Opfers war, dem er angeblich nie begegnet ist.

Nur ein Beweisstück

Immer häufiger lässt die Polizei bei sexuellen Vergehen, Mord, Diebstahl oder anderen Verbrechen genetische Analysen durchführen. Warum? Um zu versuchen, Beweise dafür zu finden, dass zwei Menschen, zwei Gegenstände oder ein Mensch und ein Gegenstand miteinander in Berührung gekommen sind. Der Nachweis eines solchen Kontakts ist für die Ermittlungen oft sehr nützlich. Er liefert aber nicht unbedingt den Beweis für ein Verbrechen. Er ist nur ein Beweis-stück unter vielen anderen.

Anne Versailles

Wir bestehen aus Milliarden von Zellen

Jedes Lebewesen besteht aus sehr vielen Zellen. Eine Zelle ist unendlich klein. Man kann sogar sagen „mikroskopisch klein", da man sie nur mithilfe eines Mikroskops sehen kann, das sie um ein Vielfaches vergrößert. Jede Zelle hat eine äußere Hülle und einen Kern, in dem sich die DNS befindet.

Genetischer WAS?

Die DNS besteht aus mehreren Genen, von denen jedes aus Tausenden von „Perlen" gebildet wird. Zusammen bilden diese Gene den genetischen Personalausweis eines Menschen.

Wie findet man den genetischen Personalausweis?

Der Genetiker nimmt die wenigen Zellen von den Wurzeln der Haare, die bei dem Opfer gefunden wurden, oder aus dem Speichel, der an einem Zigarettenstummel haftet.
Er taucht sie in eine Substanz, die alles zerstört, was sich um die DNS dieser Zellen herum befindet. Dasselbe macht er dann mit einigen Zellen aus dem Blut des Verdächtigen. Die DNS wird dann speziell für die Analyse vorbereitet. Danach kommt sie in ein spezielles Gel, und durch das Gel wird elektrischer Strom geleitet. Nach ein paar Stunden entstehen dadurch Streifen, ähnlich wie bei einem Strichcode (wie auf Waren, die wir kaufen), die unter einer speziellen Lampe sichtbar werden. Den Strichode der DNS des Verdächtigen vergleicht man dann mit dem der Haare, die bei dem Opfer gefunden wurden.

Quelle: http://www.mpib-berlin.mpg.de/pisa/Beispielaufgaben_lesen.PDF

Stichwortzettel anfertigen

Ihnen ist sicherlich schon aufgefallen, dass viele Moderatoren im Fernsehen Stichwortzettel verwenden, um sicher durch die Sendung zu führen. Stichwortzettel eignen sich neben Mind Maps als Gedächtnis- und Strukturskizzen. Vor allem beim freien Vortrag und Referieren ist ihr Einsatz von Vorteil.

TRAININGSEINHEIT 7 Seite 17

Beim Anfertigen von Stichwortzetteln sollten folgende Punkte beachtet werden:

1. Als Format **DIN A6** verwenden.
2. **Nur Stichwörter**, keine Sätze notieren.
3. Nicht mehr als **fünf Stichwörter** auf jeden Zettel schreiben.
4. Die Zettel oben rechts fortlaufend **nummerieren.**

Trainieren Sie das Anfertigen von Stichwortzetteln für einen Kurzvortrag.

1. *Lesen Sie den Artikel „Wie entsteht Nebel?"*

2. *Markieren Sie wichtige Textstellen.*

Wie entsteht Nebel?

Nebel entsteht aus Wasserdampf, der in der Luft enthalten ist. Wird die Menge an Wasserdampf zu groß, gibt ihn die Luft als eine Art Ballast wieder ab. Dabei binden sich die vorher frei in der Luft umherschwirrenden Wassermoleküle an mikroskopisch kleine Staubkörnchen, die ebenfalls durch die Luft schweben. Diesen Prozess nennt man Kondensation. Millionen dieser winzigen schwebenden Wassertröpfchen nehmen uns als Nebel die Sicht.

Kalte Luft kann weniger Wasserdampf speichern als warme. Die Folge: Nebel bildet sich vor allem im Herbst und zu Beginn des Frühlings. Tagsüber erwärmt sich die Luft und nimmt eine relativ große Menge Wasserdampf auf. Doch in den langen Nächten kühlt sie sich wieder stark ab: Der Wasserdampf kondensiert und wird zu Nebel. Im Sommer sind die Nächte dagegen kurz. Die Luft bleibt warm und der gespeicherte Wasserdampf muss nicht abgegeben werden.

Manchmal kühlt sich der Boden im Winter über großen Flächen so stark ab, dass riesige Nebelgebiete entstehen, die tagelang anhalten können. Erst, wenn die Sonne die Luft erwärmt, können die Wassermoleküle wieder frei und unsichtbar durch die Luft schwirren. Darum sagt eine alte Bauernregel: Wenn die Sonnenkraft am Morgen den Nebel vertreiben kann, wird das schöne Wetter bleiben.

Quelle: http://wdw.prosieben.de/infotainment/Sendung/20020217/wdwFrage/index.html

3. ***Fertigen Sie Stichwortzettel für einen Kurzvortrag zum Thema „Wie entsteht Nebel?“ an, indem Sie die folgenden Stichwortzettel beschriften.***

4. ***Übertragen Sie Ihre Notizen auf Karteikarten und halten Sie einen Kurzvortrag mithilfe der Stichwortzettel.***

Informationen aus dem Internet beschaffen: Internetrallye

Bei einer Rallye müssen mehrere Prüfungen bestanden und Aufgaben gelöst werden. Ähnlich verhält es sich bei der **Internetrallye,** bei der es gilt, Fragen mithilfe von Internetadressen zu beantworten.

1. Die **Frage** bzw. Aufgabenstellung **erfassen.**
2. Die angegebenen **Internetseiten aufrufen.**
3. Die notwendigen Informationen **herausfiltern.**
4. Die **Frage** bzw. Aufgabenstellung **beantworten.**

Trainieren Sie die Informationsbeschaffung aus dem Internet mithilfe der folgenden Internetrallye.

Internetrallye zum Thema „Raubkopie und Urheberrecht"

1. ***Der Werkbegriff (§§ 2 ff. UrhG) bestimmt den Rechtsgegenstand des Urheberrechts. Was sind im Sinne des Urheberrechts „Werke"?***

http://remus-hochschule.jura.uni-saarland.de/urheberrecht/gw02.html#1a

2. ***Wann endet das Urheberrecht für Texte?***

http://www.copat.de/mn_recht_urheb.htm

3. *Gilt das Urheberrecht auch für das Internet?*

http://www.weinknecht.de/ojr/index.html. Suchen Sie nach „Urheberrecht“ und öffnen Sie die Seite „Multimedia und Internet-Urheberrecht“.

4. *Ist nach dem neuen Urheberrecht die Anfertigung einer Kopie von Software- und Musik-CDs für den privaten Bereich erlaubt?*

http://www.internetfallen.de/Urheberrecht/Raubkopien/raubkopien.html

5. *Dürfen Kopierprogramme verkauft werden, die den Kopierschutz umgehen?*

http://www.urheberrecht.org/news/?id=1486&w=&p=0

Bearbeiten Sie die folgende Internetrallye:

Ich und mein Chef – Interneteinsatz im Büroalltag
http://www.kubiss.de/bildung/projekte/schb_netz/ich1.htm

Erstellen Sie in Gruppenarbeit selbst eine Internetrallye, die von den übrigen Gruppen durchgeführt werden soll.

Gehen Sie dabei wie folgt vor:

- *Mithilfe von Suchmaschinen geeignete Internetadressen suchen.*
- *Internetseiten auf ihren Informationsgehalt prüfen.*
- *Fragen und Aufgaben zu den Informationen der Internetseiten formulieren.*
- *Internetrallye als Arbeitsblatt zusammenstellen.*

Themenvorschläge:

- *Das Geld und seine Funktionen*
- *Aufgaben der Deutschen Bundesbank und der Europäischen Zentralbank*

TRAININGSEINHEIT **16**

Informationen aus dem Internet beschaffen: Suchmaschinen

Suchmaschinen im Internet helfen, Informationen zu einem Thema oder Problem zu finden. Allerdings ist die Menge der angegebenen Webseiten oft zu groß, sodass nur eine gezielte Recherche zu den gewünschten Informationen führt.

Bei einer gezielten Recherche sollten Sie wie folgt vorgehen:

1. **Suchmaschine** im Internet **aufrufen.**
2. **Oberbegriff eingeben.**
3. Durch zusätzliche **Stichwörter,** die mit + oder – gekennzeichnet werden, **eingrenzen.**
4. Eventuell **„Erweiterte Suche" nutzen** und Suchkriterien eingeben.
5. Internetseiten **aufrufen,** nach Informationsgehalt **auswählen** und wichtige Informationen **speichern** bzw. **ausdrucken.**

Trainieren Sie die Schritte der Internetrecherche an folgendem Projektauftrag:

Überblick über das Berufsbild Zweiradmechaniker/-in

1. *Suchmaschine im Internet aufrufen.*

a) Welche Suchmaschinen kennen Sie?

b) Sie haben die Suchmaschine www.google.de ausgewählt:

2. *Oberbegriff eingeben.*

Tragen Sie den Oberbegriff für die Projektaufgabe ein.

3. ***Durch zusätzliche Stichwörter, die mit + oder – gekennzeichnet werden, eingrenzen.***

Die Eingabe des Oberbegriffs „Zweiradmechaniker“ ergab ein Ergebnis von ca. 426.000 Seiten. Nutzen Sie die Möglichkeit, die Suche durch zusätzliche Stichwörter einzugrenzen:

4. ***„Erweiterte Suche“ nutzen und Suchkriterien eingeben.***

Viele Suchmaschinen bieten die Möglichkeit, mit der Funktion „Erweiterte Suche“, die Informationsbeschaffung zu optimieren.
Füllen Sie die Maske „Erweiterte Suche“ der Suchmaschine „Google“ für Ihre Projektaufgabe aus.

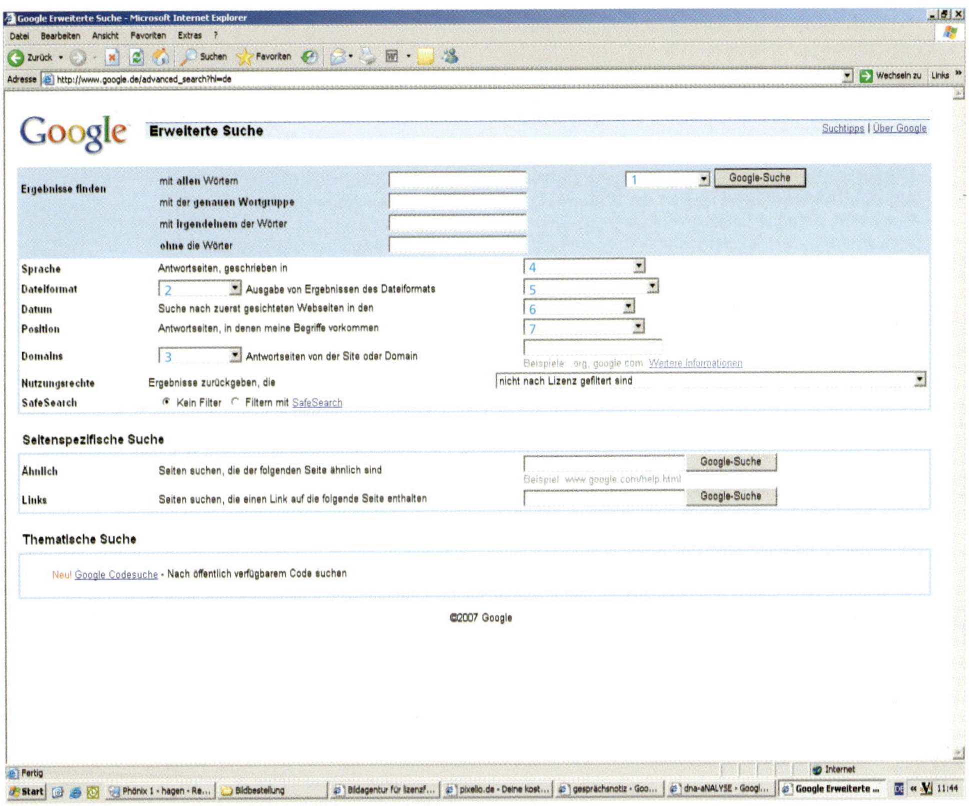

1 10 Ergebnisse – 20 Ergebnisse … 100 Ergebnisse

2 Ausschließlich – Keine

3 Ausschließlich – Keine

4 beliebige Sprache – Arabisch – Bulgarisch – Deutsch – Englisch …

5 irgendein Format – Adobe Acrobat (.pdf) – Microsoft Word (.doc) …

6 keine Zeitbegrenzung – der letzten drei Monate – der letzten sechs Monate – im letzten Jahr

7 irgendwo auf der Seite – im Titel – im Hauptteil – in der URL – in Links zu der Seite

Informationen lesen, verstehen und nutzen: Suchmaschinen

Eine Ergebnisseite der Suchmaschine (hier: „Google“) bietet vielfältige Informationen. Diese lassen sich nur sinnvoll nutzen, wenn Informationen und Hinweise verstanden werden.

Ordnen Sie die Buchstaben den unten aufgeführten Erläuterungen zu.

☐ **Suchfeld**
Um eine Suche mit Google durchzuführen, tippen Sie einfach ein paar beschreibende Stichworte ein. Drücken Sie danach die „Eingabe“-Taste oder klicken Sie auf die Such-Schaltfläche, um eine Liste mit relevanten Ergebnissen zu erhalten.

☐ **Google Such-Schaltfläche**
Um eine weitere Suche durchzuführen, klicken Sie bitte auf diese Such-Schaltfläche. Sie können außerdem eine Suchanfrage durchführen, indem Sie die „Eingabe“-Taste drücken.

☐ **Erweiterte Suche**
Links zu einer Seite, die es Ihnen ermöglicht, die Suche einzuschränken.

☐ **Ähnliche Seiten**
Wenn Sie den Link „Ähnliche Seiten“ für ein bestimmtes Ergebnis auswählen, durchsucht Google automatisch das Web nach Seiten, die mit diesem Ergebnis in einem Zusammenhang stehen.

☐ **Einstellungen**
Links zu einer Seite, auf der Sie Sucheinstellungen, zum Beispiel die Anzahl der Ergebnisse pro Seite und die Sprache der Benutzeroberfläche, festlegen können.

☐ **Im Cache**
Wenn Sie auf den „Im Archiv"-Link klicken, können Sie den Inhalt der Webseite so sehen, wie wir sie indiziert haben. Wenn Sie der Site-Link aus irgendeinem Grund nicht mit der entsprechenden Seite verbindet, können Sie sich trotzdem die Version im Cache ansehen und dort die Informationen finden, die Sie benötigen. Auf den Seiten aus dem Cache sind Ihre Suchwörter hervorgehoben.

☐ **Größe**
Diese Zahl zeigt die Größe des Textes an, der im Web gefunden wurde. Bei Websites, die noch nicht indiziert wurden, ist die Größe weggelassen.

☐ **Überschrift der Seite**
Die erste Zeile auf dem Ergebnis ist die Überschrift der gefundenen Webseite. Wenn manchmal statt des Titels eine URL erscheint, bedeutet das, dass die Seite keinen Titel hat oder dass der Inhalt der Seite von Google nicht vollständig indiziert wurde. Wir wissen dennoch, dass die Seite ein guter Treffer ist, weil andere Webseiten – die wir indiziert haben – auf diese Seite verweisen. Wenn der Text, der mit diesen Links verbunden ist, Ihre Suchanfrage trifft, können wir die Seite als Suchergebnis ausgeben, auch wenn der vollständige Text noch nicht indiziert wurde.

☐ **Eingerücktes Ergebnis**
Wenn Google unterschiedliche Ergebnisse von derselben Website findet, werden die relevantesten Ergebnisse an erster Stelle gelistet und darunter die anderen relevanten Seiten derselben Website eingerückt.

☐ **URL des Resultats**
Dies ist die Web-Adresse des erhaltenen Resultats.

☐ **Text unter dem Titel**
Dieser Text ist ein Auszug aus den ausgegebenen Ergebnisseiten mit den Suchwörtern in Fettdruck. Bevor Sie auf das Ergebnis klicken, können Sie so sehen, wie Ihr Suchbegriff auf der Seite erscheint.

☐ **Links oberhalb des Suchfeldes**
Klicken Sie auf den Link für den Google-Service, den Sie nutzen möchten. Suchen Sie im Netz, begrenzen Sie Ihre Suche auf Bilder oder durchforsten Sie die Google-Groups (Usenet Diskussions-Archive).

☐ **Statistik-Balken**
Diese Linie beschreibt Ihre Suche und gibt die Anzahl der Ergebnisse als auch die für die Suche benötigte Zeit an.

Karikaturen analysieren

Karikaturen sind eine Art gezeichneter Kommentar. Sie kommentieren Ereignisse und Probleme oder üben Kritik an Personen und Sachverhalten. Dazu benutzt der Zeichner (Karikaturist) als Mittel die Übertreibung und den Witz.

Karikaturen lassen sich nach den folgenden vier Schritten analysieren:

1. Die Zeichnung sachlich **beschreiben.**
2. Das **Thema** oder das Problem formulieren.
3. Die **Einzelheiten** der Zeichnung **deuten.**
4. Die **eigene Meinung** zum Thema oder Problem äußern.

Trainieren Sie das Analysieren von Karikaturen an folgender Karikatur:

1. *Beschreiben Sie die Zeichnung ohne eigene Beurteilung und Interpretation.*

- ***Vordergrund***
- ***Links***
- ***Rechts***
- ***Hintergrund***
- ***Text***

2. *Notieren Sie das Thema der Karikatur.*

3. *Deuten Sie die Einzelheiten der Zeichnung.*

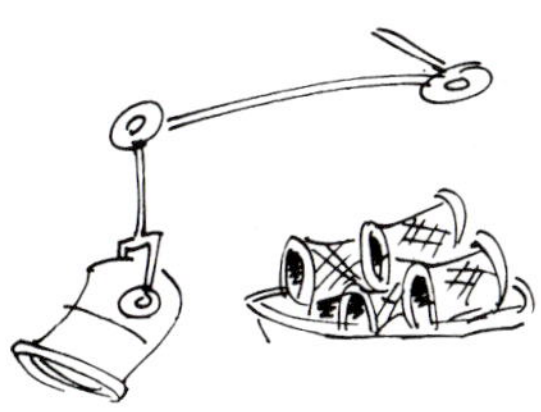

4. ***Notieren Sie Ihre Meinung zum dargestellten Problem.***

Schaubilder und Diagramme lesen

Schaubilder oder Diagramme informieren anschaulich und mit wenigen Worten über Sachverhalte. Ein Schaubild ist also eine grafische Form des Beschreibens und Berichtens.

Beim Lesen von Schaubildern oder Diagrammen sollten folgende Punkte beachtet werden:

1. Was ist das **Thema?** (Hat das Schaubild eine Überschrift?)
2. Welche **Einzelinformationen** enthält das Schaubild?
3. Von welcher **Datenbasis** wird ausgegangen? (Quelle, Zeitraum, Anzahl, Prozent, Mehrfachnennungen ...)
4. Welche **Gesamtaussage** wird im Schaubild vermittelt?

Trainieren Sie das Lesen von Diagrammen und Schaubildern.

Schaubild 1

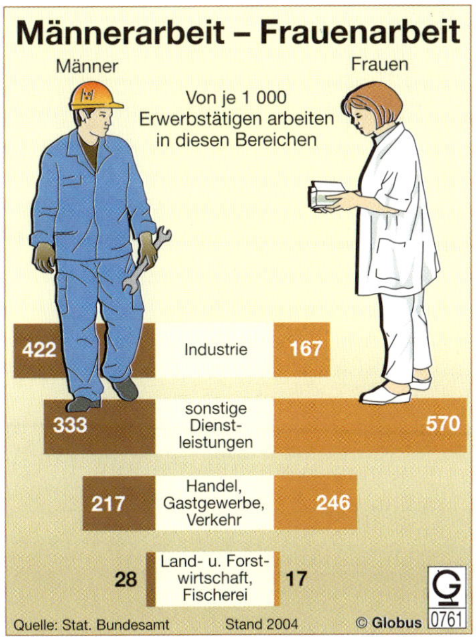

1. Thema?

2. Einzelinformationen?

3. Datenbasis?

1. ***Gesamtaussage?***

Schaubild 2

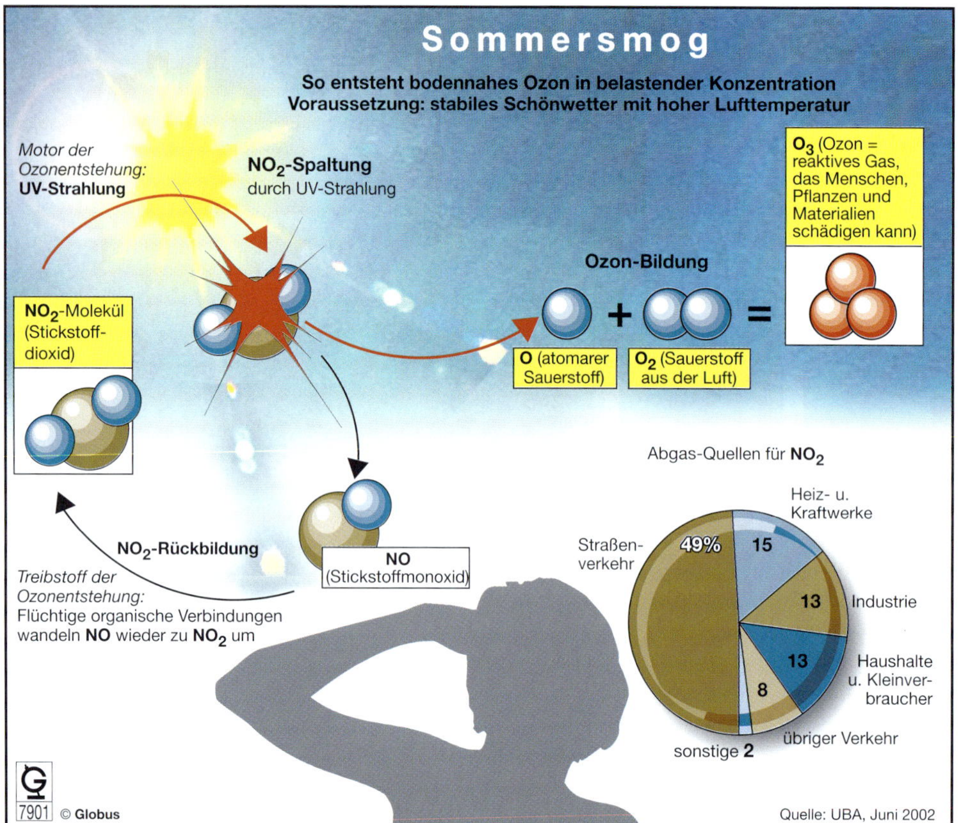

Wirkungen auf den Menschen – Ozon-Konzentration in Mikrogramm pro Kubikmeter Luft (µg/m³)

ab 100 µg/m³	Einschränkungen der Lungenfunktion	ab 200	Husten, Kopfschmerzen, Atembeschwerden
ab 160	Entzündungen des Lungengewebes	ab 240	Zunahme der Häufigkeit von Asthma-Anfällen
180	*Unterrichtung der Bevölkerung*	360	*Auslösung des Warnsystems*

1. Thema?

2. Einzelinformationen?

3. Datenbasis?

4. ***Gesamtaussage: Erläutern Sie in Textform die Entstehung von „Sommersmog".***

Diagramme anfertigen

Durch Diagramme können Sachverhalte oft leichter dargestellt werden. Sie wirken unterstützend bei Präsentationen.
Diagramme können folgende Informationen visualisieren:

1. **Anteile** darstellen.
2. **Entwicklungen** und **Trends** aufzeigen.
3. **Beziehungen** veranschaulichen.
4. **Gegensätze** offenlegen.

Je nach Aussage eignen sich zum Visualisieren verschiedene **Arten von Diagrammen**, z. B.:

Kreisdiagramm

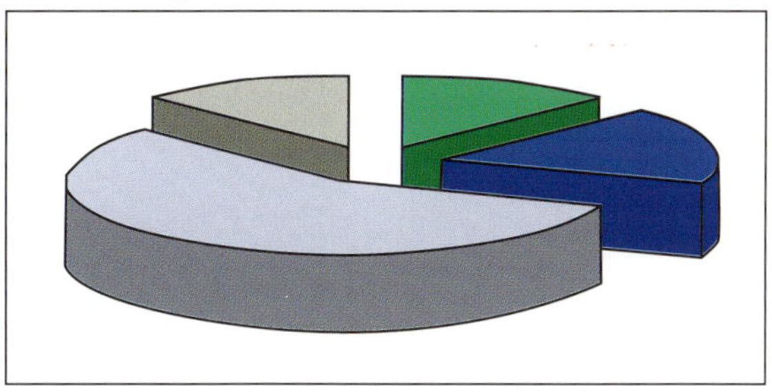

1 2 3 4

Liniendiagramm

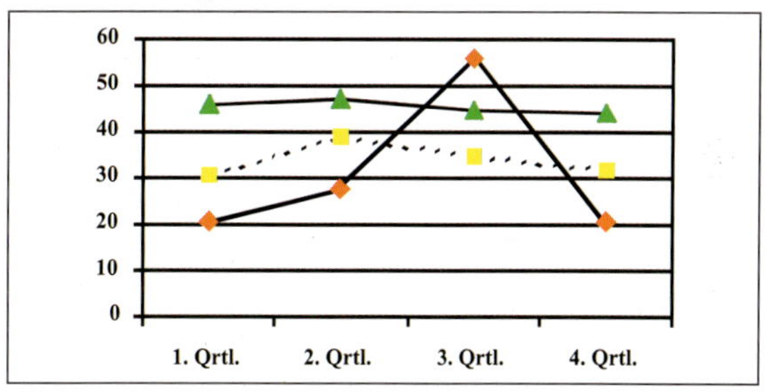

1 2 3 4

Säulendiagramm

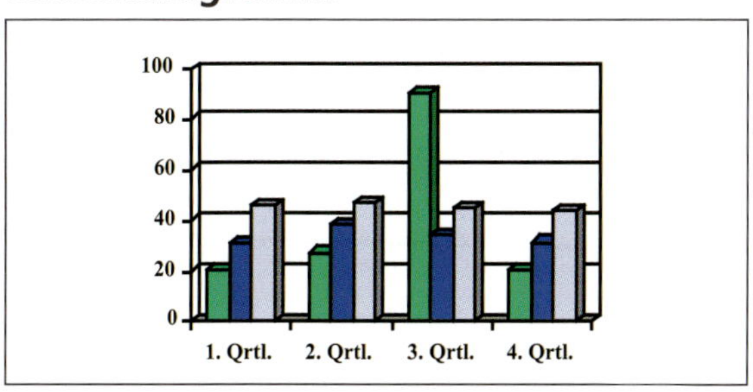

1 2 3 4

Balkendiagramm

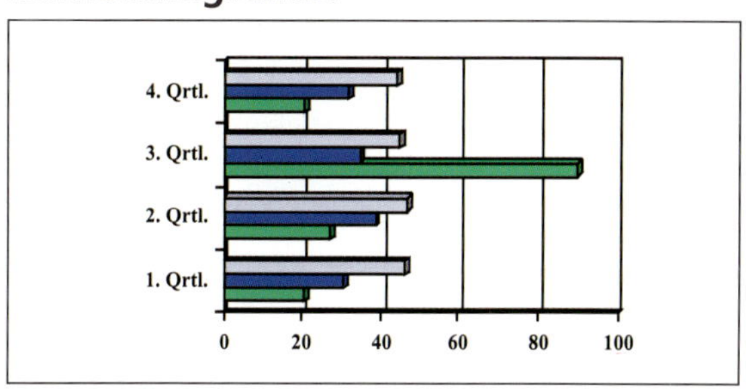

1 2 3 4

Trainieren Sie das Anfertigen von Diagrammen.

1. ***Entscheiden Sie, für welche Informationen die einzelnen Diagrammarten geeignet sind. Kreuzen Sie dazu oben die entsprechende/-n Nummer/-n an. (Mehrfachnennungen sind möglich.)***
2. ***Visualisieren Sie die Informationen auf den folgenden Seiten durch Diagramme.***

Diagramme lassen sich mithilfe von Standardsoftware (z. B. MS Excel) erstellen. Nutzen Sie diese Möglichkeiten.

Sammeln Sie zur Visualisierung folgende Daten Ihrer Lerngruppe:

a) Religionszugehörigkeit

evangelisch	katholisch	islamisch	sonstig	ohne

b) Jahrgang

19 ...	19 ...	19 ...	19 ...	19 ...

c) Notenspiegel der letzten Klassenarbeit

sehr gut	gut	befriedigend	ausreichend	mangelhaft	ungenügend

Fertigen Sie entsprechende Diagramme an:

©Deutscher Bundestag/Lichtblick/Achim Melde

1. ***Stellen Sie die Anteile der Parteien bei der Bundestagswahl 2005 dar.***

2. ***Stellen Sie die Entwicklung der Ergebnisse einer Partei von 1994 bis 2005 dar.***

3. ***Zeigen Sie die Entwicklung der Wahlergebnisse von 1994 bis 2005 aller Parteien im Vergleich auf.***

Ergebnisse Bundestagswahl

Jahr	SPD	CDU/CSU	FDP	BÜNDNIS 90 DIE GRÜNEN	DIE LINKE. PDS	Sonstige	Wahlbeteiligung
2005	34,2 %	35,2 %	9,8 %	8,1 %	8,7 %	4,0 %	77,7 %
2002	38,5 %	38,5 %	7,4 %	8,6 %	4,0 %	3,0 %	79,1 %
1998	40,9 %	35,2 %	6,2 %	6,7 %	5,1 %	5,9 %	82,2 %
1994	36,4 %	41,5 %	6,9 %	7,3 %	4,4 %	3,5 %	79,0 %

Moderationskarten beschriften

Präsentationen leben durch visualisierte Aussagen. Visualisieren an der Pinnwand oder auf dem Flipchart verlangt eine gut lesbare Schrift. Bei der Formulierung muss auf Kürze und Einfachheit geachtet werden. Das Schreiben mit den Moderationsmarkern (Filzstiften) will geübt sein.

Das Schreiben mit dem Moderationsmarker muss trainiert werden.

Lange Sätze und breit auseinandergezogene Schrift wirken unübersichtlich.

GROSSBUCHSTABEN SIND SCHWER ZU LESEN.

Die Kleinbuchstaben dürfen nicht zu niedrig ausfallen.

Der kleine Filzstift soll am besten mit der breiten Kante aufgesetzt werden. Diese Zeilen sind zu dünn, um aus der Entfernung noch gelesen zu werden.

Genialität muss sich nicht in der Handschrift ausdrücken.

Weniger ist oft mehr. Bei der Formulierung und Beschriftung muss auf Kürze und Einfachheit geachtet werden.

Lesbarkeit ist entscheidend.

Trainieren Sie das Beschriften von Moderationskarten mit verschieden breiten Moderationsmarkern.

Plakate gestalten

Plakate, Wandtafeln oder Pinnwände eignen sich besonders gut, um Ergebnisse festzuhalten und zu veranschaulichen. Dazu müssen Plakate entsprechend gestaltet werden.

Plakate sollen ...

1. die **Aufmerksamkeit** steigern,
2. das **Wesentliche** verdeutlichen,
3. das **Behalten** fördern,
4. zur **Diskussion** anregen.

Das 1 x 1 der Plakatgestaltung

☞ Geben Sie dem Plakat eine Überschrift!

☞ Ordnen Sie die Inhalte übersichtlich an!

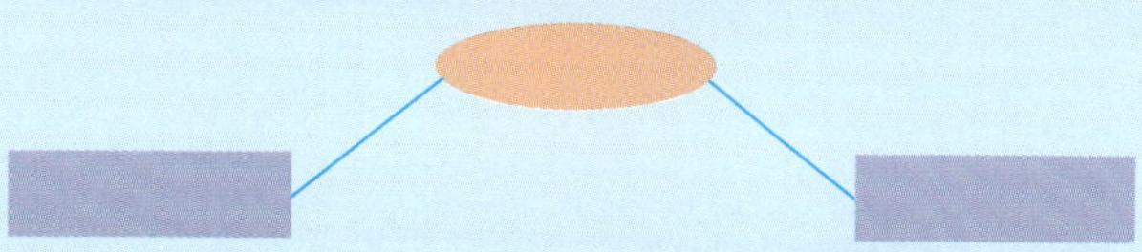

☞ Unterstützen Sie die Aussagen durch Symbole!

⇨ ! ? ☞ ●

☞ Heben Sie die Aussagen durch Farben hervor!

☞ Weniger ist mehr!

☞ Veranschaulichen Sie die Inhalte durch Bilder!

☞ Plakate sind eine Visitenkarte der Lerngruppe:
Deshalb auf die Rechtschreibung achten!

☞ Plakate müssen noch aus fünf Metern Entfernung gut lesbar sein!

Entwerfen Sie auf der nächsten Seite ein Plakat zum Thema „Drei Wege zum Tarifvertrag“.

TRAININGSEINHEIT 24 Im Doppelkreis lernen

Vergleichen und beurteilen Sie Ihre Entwürfe.

Plakatentwurf: „Drei Wege zum neuen Tarifvertrag“

Präsentieren und Visualisieren

Mithilfe eines computerunterstützten Präsentationsprogramms lassen sich Vorträge veranschaulichen und ergänzen.

Wiedererkennung durch

- einheitliches Folienlayout
- einheitliches Design
- Farbelemente
- Logo

Lesbarkeit durch

- übersichtliche Anordnung
- korrekte Rechtschreibung
- gut lesbare Schriftarten
- gut lesbare Schriftgrößen (mind. 18 pt)
- gut lesbare Schriftfarbe
- gezielte Hervorhebungen (fett, unterstrichen, Farbe; keine Kursivschrift)

Auf den Punkt bringen!

- Stichwörter, keine langen Sätze
- nicht zu viel Text pro Folie
- Übereinstimmung zwischen Inhalt und Form
- gezielter (sparsamer) Einsatz von Grafiken, Bildern und Animationen

Sachlogisch gliedern durch

- Titelfolie
- Schlussfolie
- Orientierung am Vortrag
- gezielte Auswahl von zentralen Inhalten des Themas und Vortrags

1. ***Üben Sie das Arbeiten mit dem computergestützten Präsentationsprogramm MS PowerPoint. gehen Sie dazu auf die Internetseite***
   http://www.sgu.ul.bw.schule.de/telelernen/ueberblick.html.
   Unter den Tutorials können Sie die einzelnen Schritte aufrufen und einüben.

2. ***Üben Sie das Erstellen von Präsentationen mithilfe eines Präsentationsprogramms, indem Sie die Titelseite entwerfen und dabei***
   a) eine Entwurfsvorlage des Programms nutzen,
   b) einen eigenen Entwurf anfertigen,
   c) ein Logo einfügen,
   d) eine Grafik einsetzen.

3. ***Erstellen Sie eine computergestützte Präsentation zum Thema „Sommersmog". Informationen dazu finden Sie in der Trainingseinheit 19 auf Seite 48. Präsentieren Sie Ihre Ergebnisse.***

4. ***Bewerten Sie die verschiedenen Präsentationen zum Thema „Sommersmog". Verwenden Sie als Bewertungsgrundlage die Gestaltungsgrundsätze der Trainingseinheit.***

5. ***Erstellen Sie eine computergestützte Präsentation zu einem Vortrag, den Sie im Rahmen Ihrer schulischen Ausbildung halten sollen.***

Im Doppelkreis lernen (Kugellager)

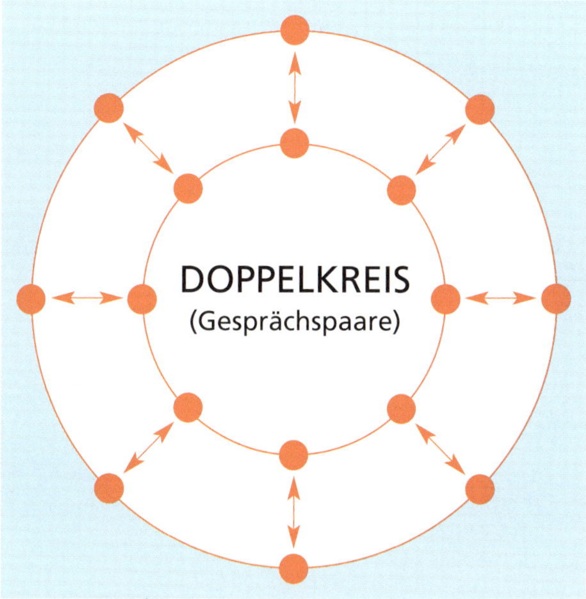

Eine interessante Form des gemeinsamen Arbeitens bietet die Methode des Doppelkreises. Was wir selbst sagen und vortragen können, behalten wir am besten. Hierzu bietet der Doppelkreis eine gute Möglichkeit.

1. Es werden **zwei Lerngruppen** gebildet.
2. Die Mitglieder der **A-Gruppe** lesen und bearbeiten den Text A, die Mitglieder der **B-Gruppe** den Text B. Sie machen sich Notizen.
3. Die Mitglieder der A-Gruppe bilden den **Außenkreis,** die Mitglieder der B-Gruppe den **Innenkreis.**
4. Die Mitglieder des Innenkreises **informieren** die Mitglieder des Außenkreises über den Lernstoff.
5. Erst nach dem Vortrag stellen die Mitglieder des Außenkreises **Fragen.**
6. Auf Anweisung des Moderators bewegen sich die Mitglieder des Innenkreises im Uhrzeigersinn **zwei Plätze weiter.**
7. Die Mitglieder des Außenkreises **informieren** nun die Mitglieder des Innenkreises über den Lernstoff.

Trainieren Sie das Lernen im Doppelkreis.

1. ***Bilden Sie zwei Lerngruppen A und B.***
2. ***Die Mitglieder der A-Gruppe lesen und bearbeiten den Text A, die Mitglieder der B-Gruppe den Text B auf der nächsten Seite. Das gemeinsame Thema der Texte lautet: „Drei Wege zum neuen Tarifvertrag".***

Machen Sie sich Notizen.

Text A
Ziel von Tarifverhandlungen ist es, einen neuen Tarifvertrag abzuschließen.
Dies kann auf drei Wegen geschehen. Der erste Weg ist der einfachste: Gewerkschaften und Arbeitgeber finden in den Verhandlungen einen Kompromiss und schließen einen neuen Tarifvertrag ab.
Scheitern die Verhandlungen, ist ein zweiter Weg möglich: Um einen Arbeitskampf zu vermeiden, ist ein Schlichtungsverfahren möglich. Ein neutraler Schlichter versucht zwischen den Standpunkten der Gewerkschaften und der Arbeitgeber zu vermitteln. Das Ergebnis ist ein Schlichtungsspruch. Stimmen beide Seiten dem Vorschlag des Schlichters zu, kommt es zum Abschluss eines neuen Tarifvertrages.

Text B
Der dritte und schmerzlichste Weg zu einem neuen Tarifvertrag ist der Arbeitskampf.
Ist die Schlichtung gescheitert, stimmen die Gewerkschaftsmitglieder in einer Urabstimmung über einen Streik ab. Sprechen sich mehr als 75 % der Mitglieder für Streik aus, können einzelne Betriebe bestreikt werden.
Als Gegenmaßnahme können die Arbeitgeber die Arbeitnehmer aussperren. Das bedeutet, dass arbeitswillige Arbeitnehmer nicht mehr zur Arbeit können.
Der Arbeitskampf kostet beide Seiten viel Geld. So entsteht Druck für neue Verhandlungen.
Kommt es in den Verhandlungen zu einer Einigung, müssen die Gewerkschaftsmitglieder in einer Urabstimmung dem Streikende und dem neuen Tarifvertrag zustimmen.

3. ***Bilden Sie einen Doppelkreis und informieren Sie sich gegenseitig mithilfe Ihrer Notizen.***

TRAININGSEINHEIT 22 Plakate gestalten

Gruppenpuzzle – Lernen in Expertenteams

Nicht jeder kann sich in allen Themenbereichen auskennen. Mithilfe von Experten lassen sich diese Defizite schnell beheben.
Das Lernen im Gruppenpuzzle und in Expertenteams ist eine besondere Form der Gruppenarbeit.

Das Lernen erfolgt in folgenden Schritten:

1. Im Plenum werden Stammgruppen mit so vielen Mitgliedern gebildet, wie Themenbereiche bearbeitet werden sollen.
2. In jeder Stammgruppe wird zu jedem Themenbereich ein Experte bestimmt.
3. Die Experten mit dem jeweils gleichen Themenbereich treffen sich in einem Expertenteam.
4. Die Expertenteams beschaffen sich die notwendigen Informationen, um ihre Aufgabenstellung zu bearbeiten.
5. Die einzelnen Experten präsentieren ihre Ergebnisse in der Stammgruppe.
6. Die Nicht-Experten stellen Verständnisfragen.
7. Die Ergebnisse werden von allen Mitgliedern der Stammgruppe notiert.
8. Durch die Bearbeitung von Aufgaben können alle Mitglieder der Stammgruppe ihr neues Wissen selbst überprüfen.

Trainieren Sie das Lernen in Expertenteams und im Gruppenpuzzle an folgender Aufgabenstellung:

1. ***Bilden Sie Stammgruppen mit jeweils vier Gruppenmitgliedern.***
2. ***a) Zeichnen Sie ein Quadrat, ein Rechteck, eine Raute und ein Parallelogramm.***
   (Wenn Sie eines dieser Objekte nicht zeichnen können – später werden Sie es!)

b) Verteilen Sie in Ihrer Stammgruppe die Experten-Themen. Notieren Sie jeweils den Namen des Experten. (Bei fünf Gruppenmitgliedern ein Thema mit zwei Experten besetzen.)

A: Quadrat *Experte:* ______

B: Rechteck *Experte:* ______

C: Raute *Experte:* ______

D: Parallelogramm *Experte:* ______

3. *Treffen Sie sich mit den jeweiligen Experten der anderen Stammgruppen und bilden Sie vier Expertenteams: Expertenteam Quadrat, Expertenteam Rechteck, Expertenteam Raute und Expertenteam Parallelogramm.*

4. *Bearbeiten Sie in Ihrem Expertenteam die folgenden Aufgaben.*
Tipp: Die notwendigen Informationen können Sie Ihren Schulbüchern entnehmen oder im Internet unter folgender Adresse abrufen: http://de.wikipedia.org

Expertenteam Quadrat

A) Zeichnen Sie ein Quadrat. Beschriften Sie Seiten, Diagonalen und Winkel.

B) Ergänzen Sie den folgenden Lückentext:

In der Geometrie versteht man unter einem **Quadrat** ein ______ mit vier ______ langen Seiten und vier ______ großen Innenwinkeln. Daher hat jeder Innenwinkel ______ ° . Es ist ein Sonderfall des Rechtecks und der Raute.

Ein Quadrat mit der Seitenlänge a hat den Umfang u = ______ den Flächeninhalt A = ______ und zwei gleichlange Diagonalen mit der Länge $d = a\sqrt{2}$.

Weitere Eigenschaften:

- Die Diagonalen halbieren sich und schneiden sich im ______ des Quadrats.
- Der Schnittpunkt der Diagonalen ist der Mittelpunkt des Umkreises und des ______kreises.

Expertenteam Rechteck

A) Zeichnen Sie ein Rechteck. Beschriften Sie Seiten, Diagonalen und Winkel.

B) Ergänzen Sie den folgenden Lückentext:

Ein **Rechteck** ist ein ______________________, dessen benachbarte Seiten im ______________________ Winkel zueinander stehen. Daraus ergeben sich folgende Eigenschaften:

- Gegenüberliegende Seiten sind ______________________ lang und parallel.
- Die beiden Diagonalen sind ______________________ lang.
- Das Rechteck hat einen Umkreis, dessen Mittelpunkt im Schnittpunkt der Diagonalen liegt.
- Das Rechteck hat ______________________ Inkreis, außer es ist ein Quadrat, wenn also alle Seiten gleich lang sind.
- Jedes ______________________ ist auch ein Rechteck.

Für ein Rechteck mit den Seiten a und b gelten folgende Formeln:

- Flächeninhalt: A = ______________________
- Umfang: u = ______________________

Expertenteam Raute

A) Zeichnen Sie eine Raute. Beschriften Sie Seiten, Diagonalen und Winkel.

Expertenteam Raute

B) Ergänzen Sie den folgenden Lückentext:

Eine **Raute** (oder auch **Rhombus**) ist ein ______________________ mit ________________ parallelen Seiten, die alle ___________________ lang sind. Aus der Definition ergeben sich weitere Eigenschaften:

- Die Diagonalen stehen ______________________ aufeinander und sind zugleich Symmetrieachsen der Figur.
- Die Raute ist ein Spezialfall des ______________________________. Eine spezielle Raute ist das Quadrat.

Der Flächeninhalt lässt sich aus den Längen der Diagonalen berechnen:

A = ______________________________.

Der Umfang u = ______________________________.

Expertengruppe Parallelogramm

A) Zeichnen Sie ein Parallelogramm. Beschriften Sie Seiten, Diagonalen und Winkel.

B) Ergänzen Sie den folgenden Lückentext:

Ein **Parallelogramm** ist ein _______________________, bei dem die gegenüberliegenden Seiten ____________________ und von jeweils ____________________ Länge sind.

Quadrate, ______________________ und Rauten sind besondere Formen von Parallelogrammen.

Parallelogramme sind spezielle Trapeze.

Der Flächeninhalt eines Parallelogramms berechnet sich als Grundseite mal

_________________ : A = _________________.

Der Umfang u = _________________.

5. ***Präsentieren Sie Ihre Expertenergebnisse in Ihrer Stammgruppe.***

6. ***Die Nicht-Experten stellen Verständnisfragen.***

7. ***Notieren Sie die Ergebnisse der Experten, indem Sie die Zeichnungen (A) übernehmen und die Lückentexte (B) im Trainingsbuch ausfüllen.***

8. ***Beantworten Sie die folgenden Kontrollaufgaben:***

a) Welche Vierecke haben vier rechte Winkel?

- *Quadrat*
- *Rechteck*
- *Raute*
- *Parallelogramm*

b) Welche Vierecke haben vier parallele Seiten?

- *Quadrat*
- *Rechteck*
- *Raute*
- *Parallelogramm*

c) Welche Vierecke haben gleich lange Seiten?

- *Quadrat*
- *Rechteck*
- *Raute*
- *Parallelogramm*

d) In welchen Vierecken stehen die Diagonalen senkrecht aufeinander?

- *Quadrat*
- *Rechteck*
- *Raute*
- *Parallelogramm*

e) Die Formel $u = 4a$ berechnet den Umfang von

- *Quadrat*
- *Rechteck*
- *Raute*
- *Parallelogramm*

Gruppenpuzzle und Expertenteams eignen sich auch für andere Fächer und Themenbereiche. Wenden Sie diese Methode in den folgenden Fächern an:

a) Sozial- oder Gemeinschaftskunde, z. B.:
- Wahlen (Europa-, Bundestags-, Landtags-, Kommunalwahlen)
- Organe und ihre Aufgaben (Bundestag, Bundesrat, Bundesregierung, Bundespräsident, Bundesverfassungsgericht)

b) Deutsch/Kommunikation, z. B.:
- Literarische Textsorten (Fabel, Kurzgeschichte, Erzählung, Parabel)
- Die vier Botschaften einer Nachricht (Sachinhalt, Beziehung, Selbstoffenbarung, Appell)

c) Wirtschaftslehre, z. B.:
- Unternehmensformen (Einzelunternehmen, KG, OHG, GmbH, AG)
- Sozialversicherungen (Krankenversicherung, Rentenversicherung, Arbeitslosenversicherung, Unfallversicherung, Pflegeversicherung)

Konflikte im Gespräch lösen

Ayse Onur, Klassensprecherin der Klasse BS 2, hat in der SMV-Sitzung das Problem mit dem Angebot des Schulkiosks geschildert (vgl. Trainingseinheit 10, Seite 26). Seit zwei Wochen wird in den Pausen kein frisches Obst mehr angeboten. Der Betreiber des Schulkiosks, Herr Bernd Schwarm, will auch in Zukunft kein Obst mehr anbieten. Die SMV hat der Schulleiterin, Frau Monika Steinhaus, das Problem erläutert. Die Schulleiterin ist daran interessiert, dass das Problem gelöst wird. Sie lädt deshalb den Schülersprecher, die Schülerin Ayse Onur, den Vertrauenslehrer sowie den Kioskbetreiber zu einem Gespräch ein.

Das Lösen von Problemen und Konflikten erfordert einen stufenweisen Prozess, der schließlich zu einer Lösung des Konflikts führt. Für das Gespräch sollten Sie sich an dem vorgeschlagenen methodischen Vorgehen orientieren. Als Medium sind Pinnwände sinnvoll.

1. Das Problem möglichst genau und offen beschreiben.
   - In kurzen Sätzen an der Pinnwand festhalten.
2. Sammlung möglicher Lösungen
   - Jeder schreibt spontan (Brainstorming) seine Vorschläge auf.
   - An der Pinnwand die Vorschläge sammeln.
3. Bewertung der Lösungsvorschläge
   - Vorschläge ordnen (clustern).
   - Vorschläge streichen, die eine negative Bewertung finden.
4. Entscheidung für die beste Lösung
   - Lösungsvorschläge nochmals gemeinsam bewerten.
   - Sich möglichst im Konsens für eine Lösung entscheiden.
5. Konkrete Schritte und Maßnahmen festlegen.
   - Vereinbarungen treffen.
   - Reihenfolge festlegen.
   - Zeit- und Aufgabenplan erstellen.
6. Erfolgskontrolle

Trainieren Sie das Lösen von Konflikten.

1. ***Spielen Sie mithilfe der Rollenkarten das Gespräch bei der Schulleiterin. Beachten Sie dabei die „Spielregeln“.***
2. ***Versuchen Sie die sechs Schritte zur Konfliktlösung anzuwenden.***
3. ***Die Beobachtungsgruppe protokolliert den Verlauf des Gesprächs und hält das Ergebnis fest.***

Spielregeln

- den anderen ausreden lassen
- zuhören
- sich gegenseitig respektieren
- die Lösung des Konflikts im Auge behalten

Rollenkarte Ayse Onur

Ayse Onur ist Klassensprecherin der Klasse BS 2. Mehrere Mitschüler/-innen ihrer Klasse haben sie darauf hingewiesen, dass seit zwei Wochen kein Obst mehr angeboten wird. Ayse findet, dass Obst einen wichtigen Bestandteil einer gesunden Ernährung darstellt. Fertigprodukte und Süßigkeiten sollten weniger angeboten werden. Nur Wurst- und Käsebrötchen in den Pausen werden von vielen Schülern abgelehnt. Asye fordert, dass mehrere Obstsorten im täglichen Angebot enthalten sein müssen.

Rollenkarte Michael Beckmann

Michael Beckmann ist Schülersprecher. Die SMV hat ihn beauftragt, die Angelegenheit zu besprechen mit dem Ziel, wieder Obst am Kiosk anzubieten. Michael unterstützt die Meinung Ayses. Schließlich sei der Kiosk verpflichtet, gesunde Nahrung anzubieten. Michael ist der Meinung, dass Herr Schwarm das Angebot mit der Schulleitung und der SMV abstimmen sollte.

Rollenkarte Bernd Schwarm

Bernd Schwarm hat den Schulkiosk seit Jahren gepachtet. Bisher hat sich noch niemand über sein Angebot beklagt. Die meisten Schüler sind zufrieden mit seinem Service. Obst hat er vor zwei Wochen aus dem Sortiment gestrichen, da die Nachfrage viel zu gering war. Er musste mehrmals verdorbenes Obst entsorgen. Gerne würde er Obst anbieten, aber schließlich ist er Kaufmann und muss genau kalkulieren, zumal die Gewinnspanne sehr gering ist.

Rollenkarte Alfred Wedler

Herr Wedler ist Vertrauenslehrer. Er unterstützt die Meinung der Schüler. Gesundheit und gesunde Ernährung darf nicht nur in der Theorie gelehrt werden. Der Schulkiosk muss deshalb mit gutem Beispiel vorangehen. Herr Wedler weiß allerdings auch, dass viele Schüler eher kein Obst kaufen.

Rollenkarte Monika Steinhaus

Monika Steinhaus ist die Schulleiterin an der Heise-Schule. Sie leitet das Gespräch. Bisher hat sie sich noch nicht mit dem Angebot des Kiosks beschäftigt, weil noch keine Klagen eingegangen sind. Sie unterstützt die Forderungen der Schüler, sieht aber auch die Probleme des Kioskbetreibers. Sie ist deshalb an einer gemeinsamen Lösung des Problems interessiert.

Fälle lösen

Konkrete Fälle fordern dazu auf, sich mit dem Problem auseinanderzusetzen und Lösungen zu finden. Das Arbeiten in der Gruppe erleichtert die Entscheidungsfindung.

Fälle lassen sich nach folgender Vorgehensweise lösen:

1. Das **Problem** erkennen.
2. **Informationen** gewinnen und auswerten.
3. **Lösungsvorschläge** entwickeln.
4. Eine **Entscheidung** treffen.
5. Die Entscheidung der Gruppe **präsentieren.**
6. Die Entscheidungen **vergleichen.**

Lösen Sie den folgenden Fall:

Stefan Gleich, 17 Jahre alt, hat sich eine HiFi-Anlage für 980,00 EUR gekauft. Dazu hat er sein angespartes Taschengeld verwendet und bar bezahlt.

Als die Eltern von dem Kauf erfahren, sind sie von der Kaufentscheidung ihres Sohnes nicht begeistert. Stefan hatte das Geld eigentlich für seinen Führerschein verwenden sollen.

In der Familie kommt es immer wieder zu heftigen Diskussionen. Nach 14 Tagen verlangt Stefans Vater schließlich, dass sein Sohn den Kauf der HiFi-Anlage rückgängig machen soll. So lange er noch zu Hause wohne, hätten bei solch wichtigen Angelegenheiten die Eltern noch das letzte Wort.

1. ***Welche Probleme werden in dem Fall angesprochen? Formulieren Sie Fragen zum Fall.***

-
-
-
-
-
-

2. *Informieren Sie sich mithilfe der folgenden Auszüge aus dem Bürgerlichen Gesetzbuch (BGB) über die Rechtslage und machen Sie sich Notizen.*

Auszüge aus dem BGB:

§ 106
Beschränkte Geschäftsfähigkeit Minderjähriger

Ein Minderjähriger, der das siebente Lebensjahr vollendet hat, ist nach Maßgabe der §§ 107 bis 113 in der Geschäftsfähigkeit beschränkt.

§ 107
Einwilligung des gesetzlichen Vertreters

Der Minderjährige bedarf zu einer Willenserklärung, durch die er nicht lediglich einen rechtlichen Vorteil erlangt, der Einwilligung seines gesetzlichen Vertreters.

§ 108
Vertragsschluss ohne Einwilligung

(1) Schließt der Minderjährige einen Vertrag ohne die erforderliche Einwilligung des gesetzlichen Vertreters, so hängt die Wirksamkeit des Vertrags von der Genehmigung des Vertreters ab.

(2) Fordert der andere Teil den Vertreter zur Erklärung über die Genehmigung auf, so kann die Erklärung nur ihm gegenüber erfolgen; eine vor der Aufforderung dem Minderjährigen gegenüber erklärte Genehmigung oder Verweigerung der Genehmigung wird unwirksam. Die Genehmigung kann nur bis zum Ablauf von zwei Wochen nach dem Empfang der Aufforderung erklärt werden; wird sie nicht erklärt, so gilt sie als verweigert.

(3) Ist der Minderjährige unbeschränkt geschäftsfähig geworden, so tritt seine Genehmigung an die Stelle der Genehmigung des Vertreters.

§ 110
Bewirken der Leistung mit eigenen Mitteln

Ein von dem Minderjährigen ohne Zustimmung des gesetzlichen Vertreters geschlossener Vertrag gilt als von Anfang an wirksam, wenn der Minderjährige die vertragsmäßige Leistung mit Mitteln bewirkt, die ihm zu diesem Zweck oder zu freier Verfügung von dem Vertreter oder mit dessen Zustimmung von einem Dritten überlassen worden sind.

Notizen:

3. *Entwickeln Sie Lösungsvorschläge, indem Sie die Problemfragen (unter 1.) beantworten.*

-
-
-
-
-
-
-
-

4. *Treffen Sie eine Entscheidung und begründen Sie diese.*

5. *Präsentieren Sie Ihre Entscheidung im Plenum.*

6. *Vergleichen Sie die Gruppenergebnisse.*

Wenden Sie diese Methode in den folgenden Fächern an:

a) Sozial- und Gemeinschaftskunde, z. B.
- Fall „Konflikte im Betrieb"

b) Wirtschaftslehre, z. B.
- Fall „Störungen des Kaufvertrags"

c) Deutsch/Kommmunikation, z. B.
- Fall „Gerichtsverhandlung": Argumentieren als Rechts- oder Staatsanwalt

Eine Moderation durchführen

Mithilfe der Moderationsmethode lassen sich in der Gruppe Probleme bearbeiten, Lösungswege finden sowie Maßnahmen verabreden und durchführen.

Die Moderationsmethode umfasst folgende Schritte:

1. Einstieg: Die **Problemfrage formulieren.**
2. **Themen bzw. Antworten** zu der Problemfrage **sammeln** und **clustern.**
3. Durch Punkt-Abfrage die **Themen gewichten** und zu bearbeitendes Thema festlegen.
4. **Thema bearbeiten.**
5. **Maßnahmen festlegen.**
6. Abschluss: Die **gemeinsame Arbeit bewerten.**

Trainieren Sie die Moderationsmethode am Problem „Störfaktoren im Unterricht".

TRAININGSEINHEIT 3 Den Arbeitsplatz sinnvoll gestalten

Die Moderatorin oder der Moderator begrüßt die Teilnehmerinnen und Teilnehmer, die im Halbkreis um mehrere Pinnwände und Flipcharts sitzen.

Welche Vorteile bietet die Anordnung des Raumes?

____

____

____

____

____

____

1. ***Formulieren Sie die Problemfrage.***

2. *a) Sammeln Sie stichwortartig Themen und Antworten zu der Problemfrage und notieren Sie diese.*

-
-
-

b) Übertragen Sie Ihre Stichpunkte auf Moderationskarten.
c) Heften Sie die Karten an der Pinnwand fest.
d) Sortieren Sie die Karten gemeinsam nach Schwerpunkten (clustern).

3. *Markieren Sie an der Pinnwand mit drei Punkten die Antworten und Themen, die Sie für besonders wichtig erachten. Sie können bis zu zwei Punkte anhäufen.*

4. *Bearbeiten Sie in Gruppen mithilfe des abgebildeten Problemanalyse-Schemas das Thema und visualisieren Sie es auf Ihrer Pinnwand.*
Übertragen Sie die Ergebnisse in die abgebildete Pinnwand:

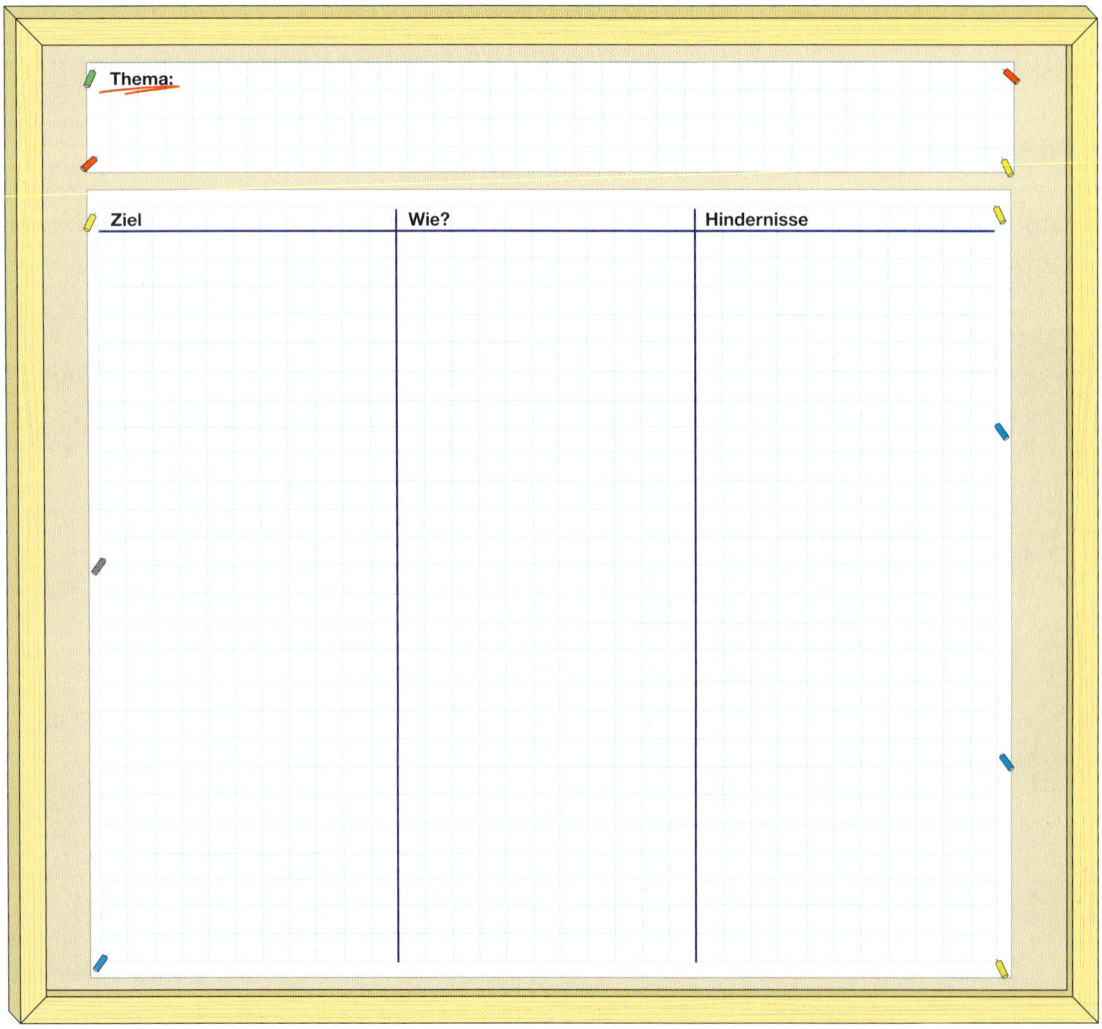

5. ***Planen Sie konkrete Maßnahmen. Legen Sie Zeitpunkte fest und bestimmen Sie, wer für die Maßnahme verantwortlich ist.***
Übertragen Sie die Ergebnisse in die abgebildete Pinnwand:

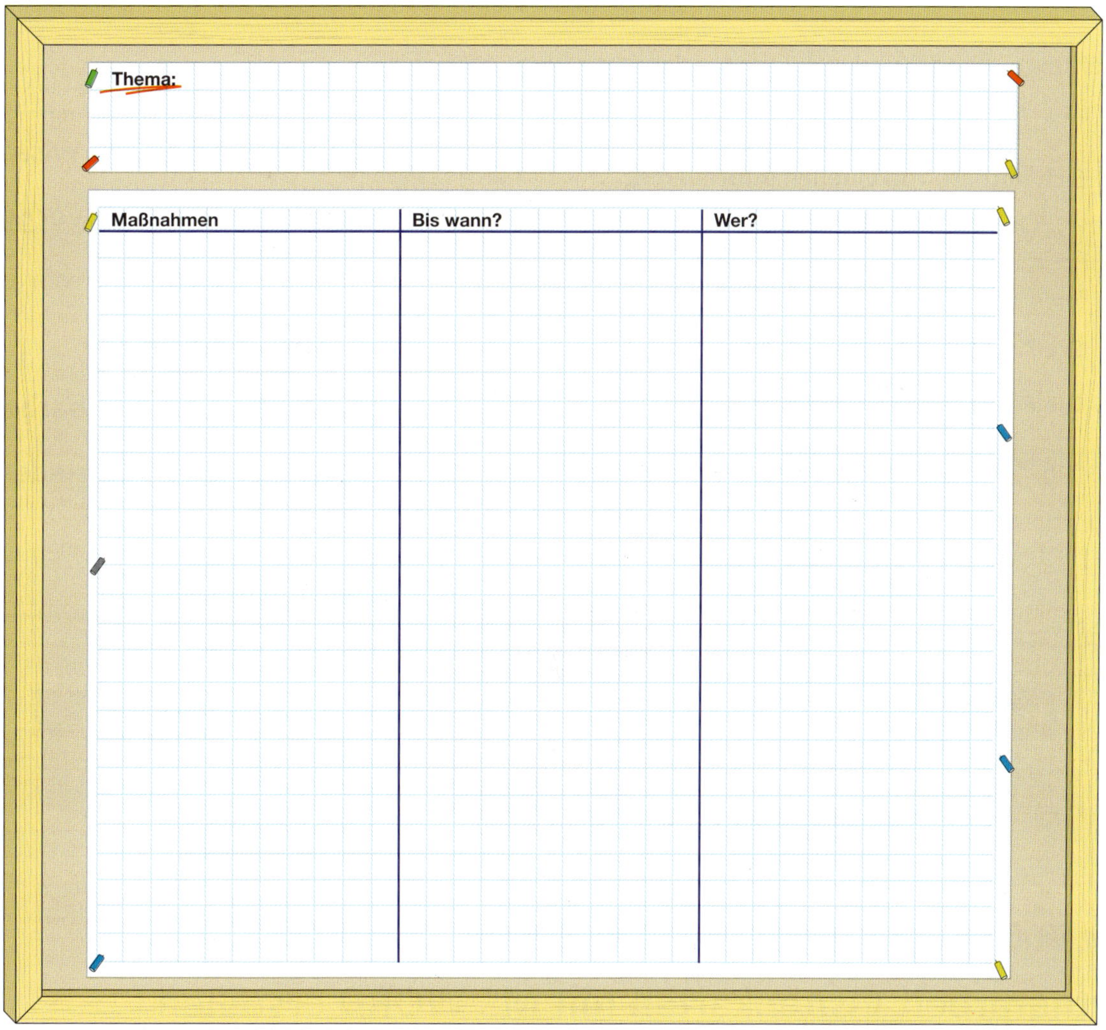

6. ***Bewerten Sie abschließend die gemeinsame Arbeit.***

☺

☹

Leittextmethode trainieren

Was selbst geplant und ausgeführt wird, lässt sich besser behalten. Selbstständiges Lernen und Handeln kann mit der Leittextmethode trainiert werden. Diese Methode eignet sich insbesondere für Projektaufgaben.

Bei der Leittextmethode wird in folgenden Schritten vorgegangen:

1. Sich mithilfe von Quellen **informieren.**
2. Die Vorgehensweise **planen.**
3. Über den besten Weg **entscheiden.**
4. Die Arbeiten **durchführen.**
5. Die Ergebnisse **kontrollieren.**
6. Die Ergebnisse **bewerten.**

Was müssen wir wissen?

Wie können wir vorgehen?

Wie entscheiden wir uns?

Wir arbeiten.

Wurde korrekt gearbeitet?

Wie sind wir zufrieden?

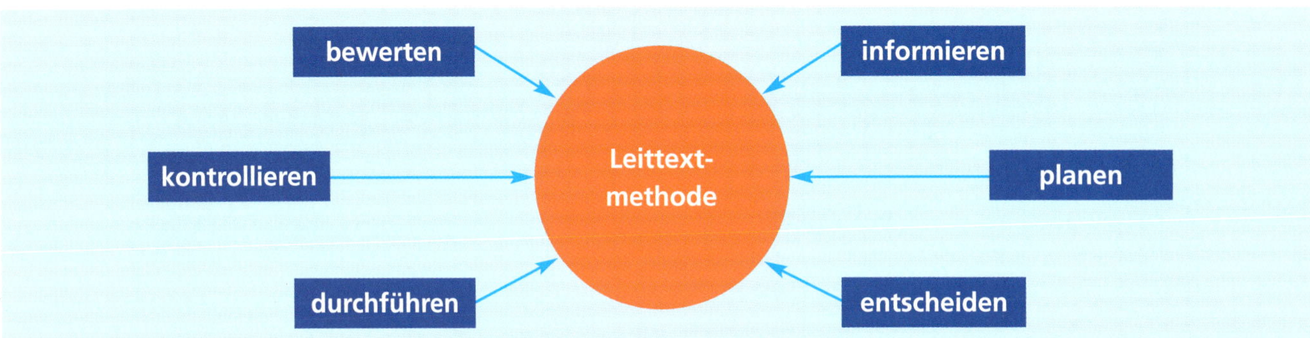

Trainieren Sie die Schritte der Leittextmethode an folgendem Projektauftrag:

In Partnerarbeit Visitenkarten mit MS WORD erstellen

1. ***Sich mithilfe von Quellen informieren.***
   In MS-Word bietet die Microsoft Word-Hilfe unter dem Suchbegriff „Visitenkarte" folgende Informationen an:

Möglichkeiten für das Erstellen und Ausdrucken von Adressetiketten
Drucken eines oder mehrerer Adressetiketten für eine einzelne Adresse
Mit dem Befehl **Umschläge und Etiketten** können Sie eine Adresse auf ein einzelnes Adressetikett oder einen ganzen Etikettenbogen drucken. Sie können mithilfe dieser Funktion auch andere Etiketten und Karten ausdrucken, beispielsweise Etiketten für Aktenordner, Namensschilder, Visitenkarten, Laufzettel und Postkarten. Nach dem Erstellen der Etiketten können Sie diese sofort ausdrucken. Sie können die Etiketten aber auch in einem neuen Dokument speichern, um sie später zu bearbeiten und auszudrucken.

2. *Die Vorgehensweise planen.*

Skizzieren Sie die Schritte zur Erstellung Ihrer Visitenkarten, indem Sie die Informationen auswerten, einen Ablaufplan erstellen und die Schritte nummerieren.

Weitere Informationen in MS Word-Hilfe

Drucken einer Adresse auf ein oder mehrere Etiketten

1. Klicken Sie im Menü **Extras** auf **Umschläge und Etiketten** und dann auf die Registerkarte **Etiketten**.

2. Wenden Sie im Feld **Adresse** eines der folgenden Verfahren an:
   - Geben Sie die Adresse ein oder bearbeiten Sie diese.
   - Fügen Sie eine Adresse aus einem elektronischen Adressbuch ein.
   - Wenn Sie die Standardabsenderadresse verwenden möchten, aktivieren Sie das Kontrollkästchen **Absenderadresse verwenden,** und bearbeiten Sie diese gegebenenfalls.

3. Wenden Sie im Gruppenfeld **Drucken** eines der folgenden Verfahren an:
   - Klicken Sie auf **Ein Etikett,** um ein einzelnes Etikett zu drucken. Geben Sie dann die Zeilen- und Spaltennummer für das zu druckende Etikett auf dem Etikettenbogen ein oder wählen Sie diese aus.
   - Wenn Sie einen ganzen Etikettenbogen mit der gleichen Adresse bedrucken möchten, klicken Sie auf **Eine Seite desselben Etiketts.**

4. Klicken Sie auf **Optionen,** um die Etikettenmarke, die Art der Papierzufuhr und weitere Optionen festzulegen.
   Wenn die Etikettenart, die Sie verwenden möchten, nicht im Feld **Bestellnummer** aufgeführt wird, können Sie entweder eines der anderen Etiketten aus der Liste verwenden oder eigene, benutzerdefinierte Etiketten erstellen.
   Wenn Sie Hilfe zu einer Option benötigen, klicken Sie auf das Fragezeichen und anschließend auf die betreffende Option.

5. Wenden Sie im Dialogfeld **Umschläge und Etiketten** eines der folgenden Verfahren an:
   - Wenn Sie ein oder mehrere Etiketten drucken möchten, legen Sie einen Bogen mit Etiketten in den Drucker ein, und klicken Sie auf **Drucken.**
   - Wenn Sie einen Bogen mit Etiketten für spätere Bearbeitung oder Ausdruck speichern möchten, klicken Sie auf **Neues Dokument.**

3. *Über den besten Weg **entscheiden.***

Entscheiden Sie mit Ihrer Partnerin bzw. Ihrem Partner, welche Vorgehensweise Sie wählen.

4. *Die Arbeiten durchführen.*

Erstellen Sie mithilfe des Programms MS-Word Ihre Visitenkarten nach Ihrem Ablaufplan. Tragen Sie die Angaben in das Textfeld ein oder kleben Sie einen Ausdruck Ihrer Visitenkarte ein.

5. *Die Ergebnisse kontrollieren.*

Kontrollieren Sie Ihre Visitenkarten nach folgenden Kriterien:

Kriterium	In Ordnung	Bemerkungen
Größe		
Lesbarkeit (Schrift)		
Vollständigkeit		
Rechtschreibung		
Gesamteindruck		

6. *Die Ergebnisse bewerten.*

Verteilen Sie Ihre Visitenkarten an die Mitschülerinnen und Mitschüler. Bewerten Sie die Karten im Plenum.

Wenn Sie Ihre Visitenkarten grafisch besonders gestalten wollen, können Sie die Informationen auf der folgenden Seite nutzen und Ihre individuellen Visitenkarten erstellen.

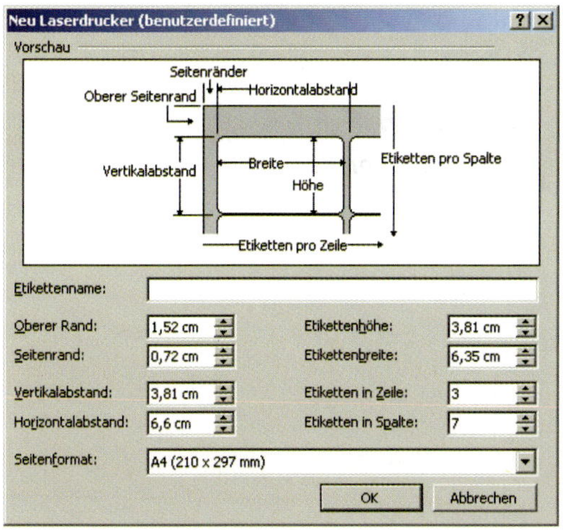

1. *Wählen Sie im Menü **Extras – Umschläge und Etiketten.***

2. *Klicken Sie auf die Schaltfläche **Optionen.***

3. *Wählen Sie die Schaltfläche **Neues Etikett.***

4. *Geben Sie die gewünschten Maße ein.*

5. *Wenn Sie alle Einstellungen vorgenommen haben, klicken Sie im Fenster **Etiketten einrichten** auf die Schaltfläche **OK.** Im Fenster **Adresse** können Sie nun die gewünschten Daten eingeben.*

6. *Klicken Sie anschließend auf die Option **Neues Dokument.***
   Ein neues Dokument mit den auf dem Bogen befindlichen Visitenkarten wird in Tabellenform angezeigt.

7. *Löschen Sie bis auf eine Adresse alle Anschriften.*

8. *Gestalten Sie die Anschrift mit den Gestaltungsmöglichkeiten von MS-Word, z. B. fett, zentriert, Schriftgröße, Schriftart.*

9. *Fügen Sie ein Bild oder eine Grafik ein.*

10. *Gruppieren Sie die Zeichenelemente und Textfelder.*

11. *Kopieren Sie die fertig gestaltete Visitenkarte und fügen Sie diese in die freien Felder ein.*

12. *Drucken Sie die Visitenkarten aus.*

Hier können Sie Ihre individuell gestaltete Visitenkarte einkleben.

Planspielmethode trainieren

In Planspielen lässt sich die Wirklichkeit modellhaft simulieren, können Probleme bearbeitet und Konflikte ausgetragen werden. Dabei müssen Spielregeln eingehalten werden. In Planspielen können Gruppen gegeneinander im Wettbewerb antreten.

Ein Planspiel läuft wie folgt ab:

1. Mit der **Ausgangssituation** konfrontiert werden.
2. Sich informieren und **vorbereiten.**
3. Das **Spiel** durchführen.
4. Die **Ergebnisse präsentieren** und reflektieren.
5. Die Ergebnisse auf die Wirklichkeit **übertragen.**

Trainieren Sie die Planspielmethode am Planspiel „Internationale Arbeitsteilung“ (Bleistiftspiel, vgl. www.friedenspaedagogik.de***).***

1. ***Lesen Sie die Ausgangssituation:***

Auf der Internationalen Handelsmesse bieten drei Länder ihre Produkte und Dienstleistungen an. Land A besitzt einen Bleistiftspitzer; Land B ist im Besitz von Bleistiften, deren Spitzen abgebrochen sind; Land C besitzt viele kleine unbeschriebene Blätter Papier.

Ziel ist es, dass jedes Land möglichst viele Blätter Papier mit seinem Landesnamen beschriftet. Dazu muss es in Verhandlungen mit den beiden anderen Ländern treten.

2. ***a) Bilden Sie drei Spielgruppen von jeweils drei bis fünf Mitgliedern.***
b) Geben Sie Ihrer Spielgruppe einen Namen:

Name Ihres Landes:

c) Diskutieren Sie über Ihre Vorgehensweise. Skizzieren Sie kurz Ihre Strategie:

3. ***Führen Sie das Spiel durch, indem Sie mit den beiden anderen Gruppen verhandeln.***

Notieren Sie in der Tabelle Ihre Verhandlungsergebnisse :

Vom Land ... erworben:	Dafür an Land ... abgegeben:

Vom Land ... erworben:	Dafür an Land ... abgegeben:

4. ***a) Präsentieren Sie Ihre Ergebnisse.***
b) Reflektieren Sie den Spielverlauf und die Arbeit in Ihrer Spielgruppe. Benutzen Sie für Ihr Feedback den Beurteilungsbogen auf der nächsten Seite.

5. ***Übertragen Sie die Ergebnisse des Planspiels auf die Problematik des Welthandels: Globalisierung, Internationale Arbeitsteilung, Nord-Süd-Konflikt, Einkommensverteilung, ...***

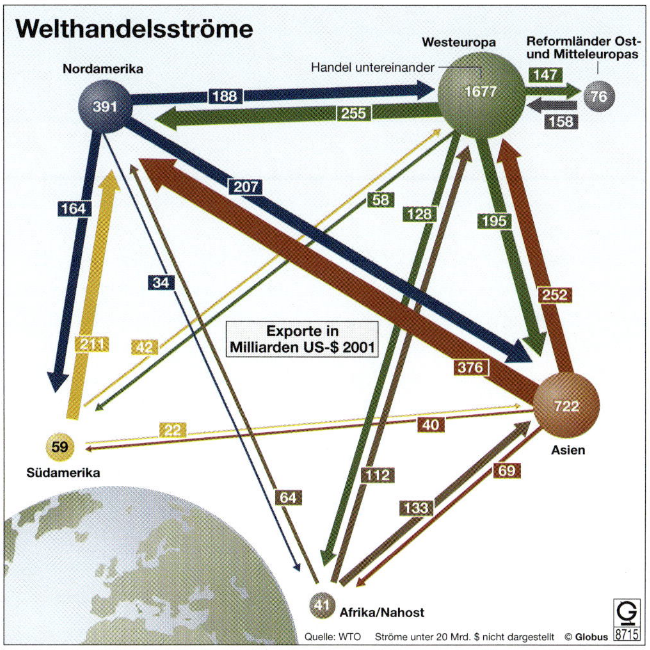

Der Welthandel wird von den reichen Ländern dominiert. Afrikanische und südamerikanische Länder dagegen bleiben außen vor. Afrika und Nahost haben nur einen Anteil von 6,3 Prozent an den Weltexporten, Südamerika 5,8 Prozent. Ärmere Länder drängen seit langem auf größere Exportchancen.
Die Industrieländer schützen beispielsweise ihre Bauern mit hohen Zöllen. Auch für Industrieprodukte verlangen die Entwicklungs- und Schwellenländer Exporterleichterungen.

Globus
Statistische Angaben:
World Trade Organization (WTO)

Beurteilen Sie die Arbeit in Ihrer Lerngruppe

Wie ein Fahrrad nur dann schnell und sicher zu seinem Ziel gelangt, wenn alle Einzelteile funktionsfähig sind, so gelangt eine Lerngruppe nur dann zu einem Gruppenergebnis, wenn alle Mitglieder ihren Beitrag dazu leisten.

Bei einem Fahrrad gibt es einen Lenker, einen Scheinwerfer, eine Bremse, einen Fahrradcomputer usw. Ordnen Sie diesen Elementen die Gruppenmitglieder zu. Bei Ihrer Beurteilung sollten Sie in erster Linie die positiven Aspekte in der Gruppenarbeit hervorheben; so hat z. B. auch die „Bremse" eine durchaus wichtige Funktion.
Negative Kritik sollten Sie als Wunsch formulieren: „Bei der nächsten Gruppenarbeit solltest du ..."

Wer in meiner Gruppe war	Name	Wieso? (Funktion und Beurteilung)
■ Lenker		
■ Pedale		
■ Gangschaltung		
■ Scheinwerfer		
■ Fahrradcomputer		
■ Bremse		
■ Gepäckträger		
■ Klingel		
■ Rücklicht		
■ Sattel		
■		

TRAININGSEINHEIT 31

Eselsbrücken bauen

Geschichten, Bilder oder Farben sind oft leichter zu merken als bloße Informationen und Fakten. Dies lässt sich für das Lernen nutzen, indem Lerninhalte mit einfachen Gedankenstützen oder vertrauten Arbeitsabläufen verbunden werden. Zudem werden gleichzeitig die rechte und linke Gehirnseite aktiviert.

Es gibt eine Reihe von verschiedenen Techniken, Methoden und Systemen, die Merkfähigkeit zu steigern. Hier sollen zwei dieser sogenannten **Mnemotechniken** trainiert werden:

1. „Briefkästen" bauen

- Ein System von sogenannten Briefkästen erstellen, z. B. einzelne Körperteile (Zehe, Fuß, Wade, Knie ...) bilden einen Briefkasten. Dieses Briefkastensystem lässt sich immer wieder benutzen.
- In diese Briefkästen werden die Begriffe, die gemerkt werden sollen, abgelegt, z. B. in die Zehe kommt das Land Malta, in den Fuß das Land Italien ... So lassen sich alle 27 EU-Länder ablegen und merken.

Trainieren Sie die Mnemotechnik „Briefkästen bauen", indem Sie sich
a) ein System aus 27 Körperteilen erstellen.

1 ______

2 ______

3 ______

4 ______

5 ______

6 ______

7 ______

8 ______

9 ______

10 ______

11 ______

12 ______

13 ______

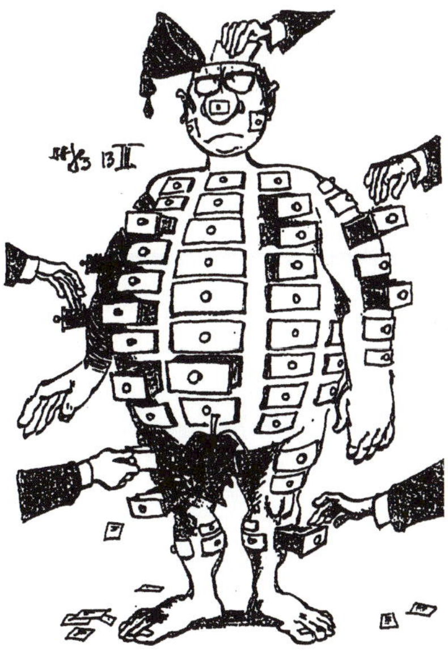

14 ______

15 ______

16 ______

17 ______

18 ______

19 ______

20 ______

21 ______

22 ______

23 ______

24 ______

25 ______

26 ______

27 ______

b) Füllen Sie anschließend die Briefkästen mit Begriffen (z. B. die 27 EU-Länder).

2. Merk- und Reimsätze verwenden

- Eselsbrücken aus Merk- und Reimsätzen vergisst man nie.
  Ein Beispiel: „Wer nämlich mit h schreibt ist dämlich."

Notieren Sie Merk- und Reimsätze, die Ihnen beim Lernen geholfen haben. Ergänzen Sie diese durch Eselsbrücken Ihrer Mitschülerinnen und Mitschüler.

3. Geschichten erfinden

- Komplizierte Vorgänge oder Begriffe werden mit einer erfundenen Geschichte verknüpft.

Ein Beispiel: Der komplizierte Vorgang des Geld- und Güterstroms im Wirtschaftskreislauf lässt sich mithilfe folgender Geschichte verknüpfen: „In einem Hafen wird das Gut Sand eines **Unternehmens** verladen. Dieser Sand wird zum nächsten **Komsumenten**-Hafen transportiert ..."

TRAININGSEINHEIT 24 Im Doppelkreis lernen

Trainieren Sie die Mnemotechnik „Geschichten erfinden", indem Sie den Ablauf von Tarifverhandlungen mithilfe der Texte „Drei Wege zum neuen Tarifvertrag" in eine erfundene Geschichte einbetten.

Wenden Sie diese Mnemotechniken in verschiedenen Fächern zu Prüfungsvorbereitungen und Klassenarbeiten an.
Berichten Sie über Ihre Erfolge.

TRAININGSEINHEIT 32

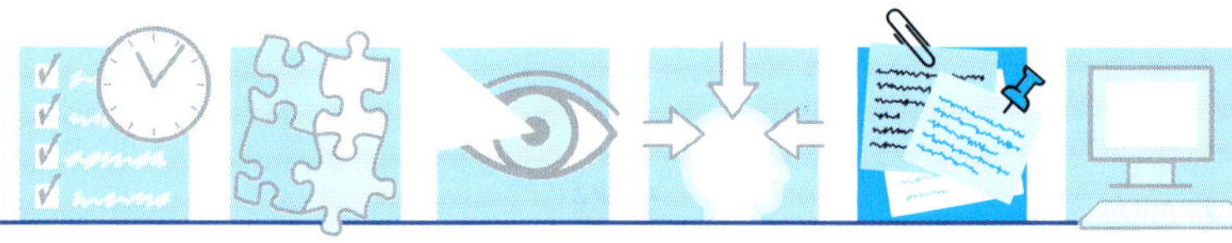

Auf Tests vorbereiten

Über den Sinn oder Unsinn von Tests kann man sich streiten. Tatsache ist aber, dass insbesondere bei Bewerbungen sehr häufig Einstellungstests stattfinden. Die Testsituation und die Aufgaben sind ungewohnt und die Zeit zum Lösen ist sehr knapp bemessen. Deshalb sollten typische Aufgaben vorher trainiert werden.

Dabei werden zumeist folgende Fähigkeiten getestet:

1. **Logisches Denken**
2. **Räumliche Vorstellung und Zuordnung**
3. **Sprachliche Kompetenzen**
4. **Mathematisch-logisches Denken**

Trainieren Sie an den folgenden Testaufgaben die geforderten Fähigkeiten.

1. *Logisches Denken*

Übung 1

Stellen Sie vier Hölzer so um, dass zwei Quadrate entstehen, die sich nicht berühren dürfen.

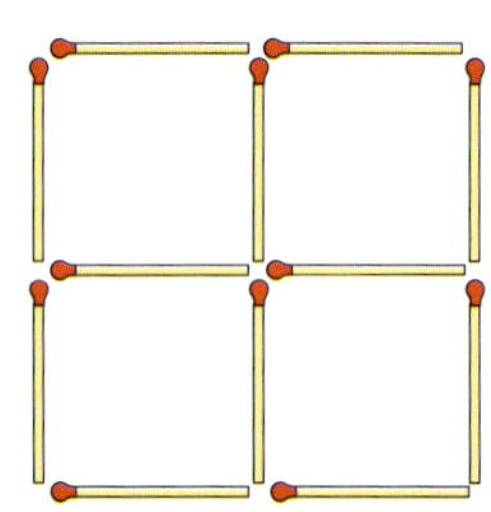

Übung 2

Legen Sie drei Hölzer so um, dass vier gleichseitige Dreiecke entstehen.

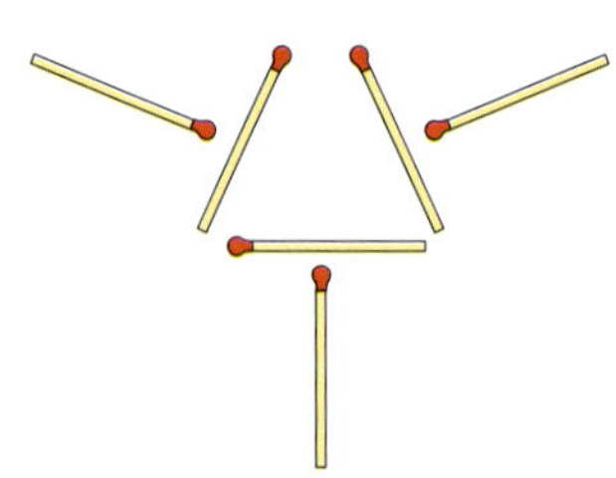

Übung 3

Welche Figurenkombination fehlt?

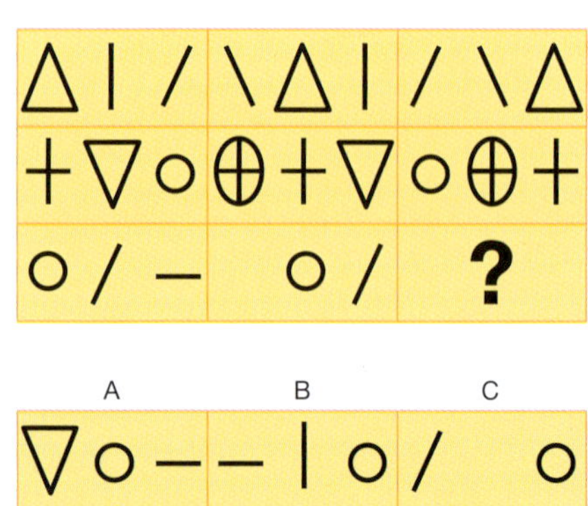

2. *Räumliche Vorstellung und Zuordnung*

Übung 4

Welcher Würfel entspricht dem Netzplan?

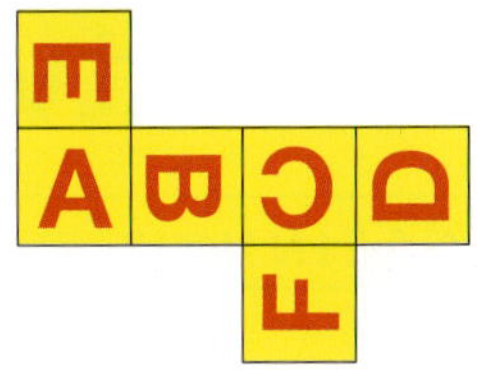

A B C D

Übung 5

Welche Würfelabbildung stammt nicht vom selben Würfel wie die anderen drei?

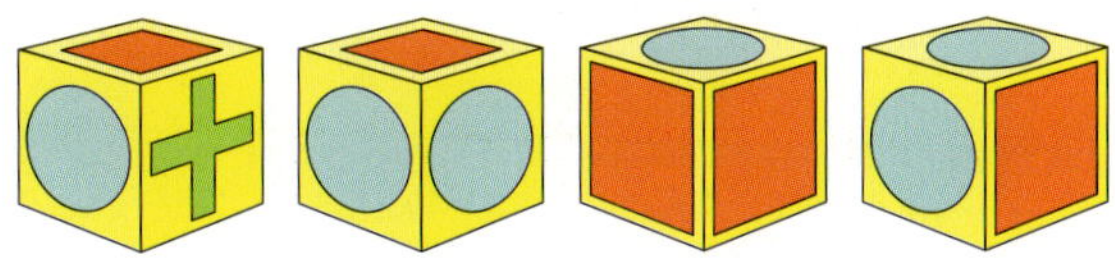

A B C D

3. *Sprachliche Kompetenzen*

Übung 6

Wie heißt die Redewendung? Kreuzen Sie an.

Die Flinte …

a) … ins Korn schießen
b) … ins Korn jagen
c) … ins Korn schmeißen
d) … ins Korn werfen

Übung 7

Welcher Wortmix bezeichnet kein Instrument?

VALIEKR ***VILIENO***
LODNEINAM ***GIESSAEBG***
MORTTPEE ***MORTDRAO***

4. *Mathematisch-logisches Denken*

Übung 8

Welche Zahl muss folgen?

3	9	5	25	21	441	?

Übung 9

Berechnen Sie die Zahl im Kopf und notieren Sie diese.

Multiplizieren Sie acht mit neun, teilen Sie durch drei, addieren Sie 38, teilen Sie durch zwei, ziehen Sie elf ab und multiplizieren Sie mit fünf.

____

Ein Stichwortverzeichnis erstellen

TRAININGSEINHEIT 8 Clustern, ordnen und strukturieren, Aufgabe 3, Seite 22

A

B

C

D

E

F

G

I

K

L

M

N

O

P

R

S

T

U

V

W

Z

Bildquellenverzeichnis

Deutscher Bundestag/Lichtblick/Achim Melde: S. 51
Globus Infografik GmbH, Hamburg: S. 47, 48, 79
MEV Verlag GmbH, Augsburg: S. 24 (2), 34, 38, 54, 55, 80, 82
Pixelio media GmbH, München: S. 11, 36, 53, 61

Karikaturen/Zeichnungen

Bildungsverlag EINS, Troisdorf/Angelika Brauner: S. 12, 31, 52, 72, 73, 84, 85
Bildungsverlag EINS, Troisdorf/Oliver Wetterauer: S. 9, 35, 67, 71
Horst Haitzinger: S. 81
Michael Hüter: S. 44